中关村发展集团专项课题《用历史的眼光看未来：中关村发展集团打造创新生态集成服务商的底层逻辑研究》（项目合同编号：集G(服)字[2022]-

创新生态集成服务

来自中关村发展集团的探索与实践

中关村发展集团课题组 ‖ 编著

企业管理出版社
ENTERPRISE MANAGEMENT PUBLISHING HOUSE

图书在版编目（CIP）数据

创新生态集成服务：来自中关村发展集团的探索与实践 / 中关村发展集团课题组编著 . -- 北京：企业管理出版社, 2024.6. --ISBN 978-7-5164-3085-9

Ⅰ . F279.271

中国国家版本馆 CIP 数据核字第 2024ZL1223 号

书　　名：	创新生态集成服务：来自中关村发展集团的探索与实践
书　　号：	ISBN 978-7-5164-3085-9
作　　者：	中关村发展集团课题组
策　　划：	寇俊玲
责任编辑：	寇俊玲
出版发行：	企业管理出版社
经　　销：	新华书店
地　　址：	北京市海淀区紫竹院南路 17 号　　邮　　编：100048
网　　址：	http://www.emph.cn　　电子信箱：1142937578@qq.com
电　　话：	编辑部（010）68701408　　发行部（010）68701816
印　　刷：	北京亿友创新科技发展有限公司
版　　次：	2024 年 6 月 第 1 版
印　　次：	2024 年 6 月 第 1 次印刷
开　　本：	710mm×1000mm　　1/16
印　　张：	12.25 印张
字　　数：	170 千字
定　　价：	78.00 元

版权所有　　翻印必究　·　印装有误　　负责调换

中关村发展集团课题组
主要成员

龚洋冉
宣　鸿
郑　宏
娄毅翔
徐景泉
吕朋悦
刘　强

序

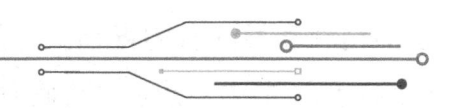

　　中关村，我国科技体制改革的试验田。自1988年5月国务院批准成立北京市高新技术产业开发试验区以来，中关村作为我国创新发展的一面旗帜已经走过了35个年头，一代又一代满怀家国情怀的中关村人缔造了这片创新的沃土，一个又一个的创新成果和企业在这个繁荣的创新生态里生根发芽，开花结果，创造了享誉全球的"中关村奇迹"。

　　中关村的创新生态是如何发展和培育的？这是三十多年来社会各界都热衷于探讨的一个重要议题。试想在创新驱动发展国家战略的大背景下，类中关村模式能在我国"遍地开花"是一件让人激动人心的事情。在本书中，我与课题组合作一道尝试从创新生态集成服务这个角度切入，以中关村发展集团（以下简称中发展）长期服务中关村科技创新的实践为基础，用相关领域文献研究为牵引，并结合我过往在科研院所、政府部门工作的经历和经验，围绕创新生态和创新服务平台企业共成长的关键议题，提出了一些有中关村特色的观察和思考。这里面蕴含着前人的智慧，凝结着集体的探索，也有个人的经验。如果你希望了解中关村以及中发展在培育创新生态一线所从事的工作和心得，我相信这本书会对你有所帮助。

作为一名中关村和中发展的"老兵"，也借这本书表达我最深切的情感和最诚挚的祝福。吉姆·柯林斯在《基业长青》（*Built to Last*）一书中写道："高瞻远瞩的公司创办人通常都是制造时钟的人，而不是报时的人，他们主要致力于建立一个组织，一个会'嘀嗒'走动的时钟，而不只是找对时机。"也许中关村以及中发展存在的最终意义正是"造钟，而不是报时"。

是为序。

宣　鸿

2024 年 2 月

前言

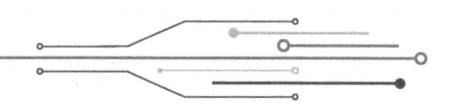

在科技创新日新月异的今天，创新驱动发展成为我国实现高质量发展的必然选择。党的二十大报告指出，要加快实施创新驱动发展战略，加快实现高水平科技自立自强。这对国家创新生态体系建设提出了更高的要求。中关村发展集团作为北京市配置创新资源的市场化平台，长期服务于中关村国家高新自主示范区，推动中关村创新生态在海内外形成突破、示范、引领效应，在先行先试改革、世界领先科技园区建设、高精尖产业发展等方面持续领跑，探索出一条"国有资本驱动科技创新"的中关村之路，其中以创新生态集成服务支撑创新驱动发展的经验对全国各地的创新工作有着重要的参考价值。

自2010年成立，中发展就围绕创新生态集成服务开始不懈地探索和实践，其间积累了大量的经验、数据和资料。2022年，在宣鸿同志的大力推动下，以中发展博士后龚洋冉同志入站开展研究工作为契机，中发展战略管理部联合资本运营部、人力资源部牵头组建了课题组，并邀请清华大学经管学院、中关村产业研究院等机构作为智力支撑，全面、系统、深入地开展了关于中发展创新生态集成服务的研究工作，采取多种研究方法，结合大量内部资料，系统梳理、分析和总结中发展多年来从事创新生态集成服务工作，在课题报告、期刊论文等多种成果的基础上，编著形成本书。

本书可以看作关于培育创新生态、开展创新生态集成服务工作的"备忘录"。主要内容分为上、中、下三篇，上篇阐述了创新生态的发展规律以及对应科技服务的类型、业务布局的关键维度以及集成服务模式；中篇描绘了中发展在长期服务中关村过程中探索走过的"国有资本驱动科技创新"的集成服务之路；下篇呈现了中发展作为创新生态集成服务商，服务北京高精尖产业发展的典型案例。

本书最大的亮点是基于理论和实践相结合的视角，全方位、立体式展现了中关村特色的创新生态和创新服务平台企业共同成长的逻辑和历程。这也使得本书的观点和结论有着广泛的读者受众——可以帮助科技服务从业者了解集成服务模式及其背后的经营方法论和价值观；可以帮助科技创业者熟悉中关村的创新生态以及中发展提供创新创业专业服务的子公司；可以帮助科技创新政策制定者谋划属地培育创新生态的顶层设计方案。

本书在编写过程中得到了中发展领导、集团总部各部室、各子公司的支持和帮助，同时，清华大学经管学院潘文卿教授提出了很多建设性意见，在此一并表示诚挚的谢意。如无特殊说明，本书中关于中关村发展集团及其子企业的素材、案例和数据均来自《中关村发展集团志（2010—2020）》和历年《中关村发展集团年鉴》。考虑到科技创新工作的变化性和复杂性，本书的观点和结论难免具有一定的局限，恳请各位读者批评指正。

中关村发展集团课题组
2024年2月

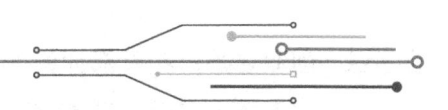

目录

上篇
践行国家创新驱动发展战略：创新生态集成服务

第一章　创新生态：创新"土壤"和"源泉" ·················· 03

1.1　在创新生态的土壤中孕育工业革命跃迁 ·················· 03

1.2　生态理论观重塑创新规律认知 ·························· 06

1.3　产业创新生态构建四步骤：抓点、连线、成面、组网 ······ 13

1.4　全方位政策体系助力创新生态培育 ······················ 17

第二章　集成服务：集成式科技服务促进创新生态发展 ······ 29

2.1　"科技地产""孵化器""创业金融"是推动创新生态发展的三类典型科技服务 ·· 29

2.2　技术创新和技术溢出是集成服务模式的关键链条 ·········· 32

2.3　"科技地产+孵化器+创业金融"三类集成服务模式 ········ 35

中篇

中关村发展集团"国有资本驱动科技创新"的集成服务之路

第三章 创业之始：在首都创新生态建设中做"政府想做不能做""市场不愿做、做不好"的事情 ………… 45

3.1 以产业投资为主线，推进重大科技成果产业化 ………… 46

3.2 以园区发展为基础，强化高精尖产业聚集效应 ………… 47

3.3 以科技金融为突破，破解科技型中小企业融资难问题 ………… 48

第四章 茁壮成长：以创新创业主体为中心，与创新创业主体共成长 … 51

4.1 做大科技金融服务，布局设立中国科技融资租赁"第一股" …… 52

4.2 做强园区产业组织运营，"一园、一基金、一平台"布局集成电路设计产业 ………… 56

4.3 做深区域合作业务，"一司、一金、一谷"辐射京外打造类中关村生态 ………… 58

4.4 做实国际科创服务，"创新中心+创新基金"布局海外协同创新网络 ………… 62

第五章 风华正茂：打造全周期、一站式、管家式的"4+2"集成服务体系 ………… 64

5.1 抢抓机遇，布局科技服务板块塑造未来智能化发展新格局 …… 64

5.2 深耕不懈，助推中关村论坛成为国家级开放创新交流平台 …… 70

5.3 创新破题，构筑科技园区创新典范迈向可持续发展新模式 …… 74

5.4 成人达己，塑造创新生态集成服务商引领未来科创与发展 …… 76

第六章 价值观：打造创新生态集成服务商的"六个坚持" ………… 79

6.1 坚持对标对表国家战略和首都发展大局 ………… 79

6.2 坚持在"政府"和"市场"之间找准自身定位 …………………… 81

6.3 坚持以双创主体为中心 …………………………………………… 82

6.4 坚持发挥"先行先试"的体制机制优势 ………………………… 84

6.5 坚持"四位一体"价值理念 ……………………………………… 86

6.6 坚持加强党的全面领导 …………………………………………… 87

第七章 方法论：经营创新生态集成服务商的"五个招式" ………… 89

7.1 第一式：强化服务能力，打造有"生态效应"的服务模式 ……… 89

7.2 第二式：积累服务资源，构建有"圈层架构"的业务体系 ……… 91

7.3 第三式：提升服务黏性，形成能"降维打击"的竞争优势 ……… 92

7.4 第四式：创造服务价值，实现能"领先半步"的战略节奏 ……… 95

7.5 第五式：营造服务文化，培育愿"成人达己"的事业情怀 ……… 97

下篇

中关村发展集团服务高精尖产业典型案例

第八章 集成电路设计产业：电子心脏 ………………………………… 103

8.1 来时路：美国引领集成电路产业，中国激流勇进 ……………… 103

8.2 向何行：产业图谱透视集成电路产业"四高"特征及趋势 …… 104

8.3 中发展创新生态服务"三板斧"促 IC 设计产业首都汇聚 …… 111

8.4 集成电路投资布局案例1：中芯北方 …………………………… 117

8.5 集成电路投资布局案例2：安集微电子 ………………………… 118

8.6 构建全周期、一站式、管家式的集成电路专业服务体系 …… 119

第九章 人工智能产业：智慧大脑 ……………………………………… 124

9.1 来时路：技术创新、应用升级，人工智能产业引领新时代 …… 124

9.2　向何行：算力需求迫切，AI 多模态+场景融合创新 …………… 129

9.3　携手生态伙伴"筑巢引凤"：吸引人工智能创新创业企业
奔涌而来 ……………………………………………………………… 132

第十章　医疗器械产业：健康科技 …………………………………… 140

10.1　来时路：政策支持、国产替代，医疗器械产业步入新阶段 …… 140

10.2　向何行：国产替代加速变革，医工融合行业整合趋势明显 …… 141

10.3　全周期产业服务：中发展特色服务汇聚高端医疗器械产业
创新资源 ……………………………………………………………… 146

第十一章　智能制造产业：数字锻造 ………………………………… 151

11.1　来时路：世界各国均关注智能制造产业，已上升为我国
国家战略 ……………………………………………………………… 151

11.2　向何行：我国智能制造产业规模大，传统生产模式面临变革 … 153

11.3　集成为核，中发展以"空间+场景"促进智能制造产业
要素快速集聚 ………………………………………………………… 159

11.4　以场景创新促产业创新，中发展以"场景出题"邀企业共同
打造创新与活跃的产业氛围 ………………………………………… 162

第十二章　生物医药产业：生命革新 ………………………………… 166

12.1　来时路：生物医药产业欧美技术主导，中国崭露头角 ………… 166

12.2　向何行：我国迅速崛起，创新生态与数字化技术推动产业变革 … 167

12.3　精准配置，中发展按生物医药产业需求配置创新服务资源 …… 171

参考文献 ………………………………………………………………………… 174

后记 ……………………………………………………………………………… 179

索引（按首字母排序）………………………………………………………… 180

思维导图

上 篇

践行国家创新驱动发展战略：创新生态集成服务

创新生态是一个动态演化的、自我完善的、开放的自组织系统，系统运行的背后叠加着政府"有形之手"和市场"无形之手"的双重作用，培育条件繁复、作用机制复杂、系统传导时间长，仅依靠自然演化形成规模效应的难度较大，参考全球范围内创新资源富集的国家和区域实践经验。我们认为要想深度推动创新生态持续繁荣，在政府和市场中间应存在一类市场化组织，通过提供强化与创新要素配置相关的集成式科创服务，推动各类创新主体在区域汇聚、互动和发展，加速创新生态培育进程。

第一章
创新生态：创新"土壤"和"源泉"

1.1 在创新生态的土壤中孕育工业革命跃迁

在历次工业革命的浪潮中，创新在社会经济系统演化中起着根本作用，技术变化是导致经济系统发生质变的主要源泉。每一次工业革命中新技术的出现都会引发生产范式和创新组织的变革，而创新组织的变革又会反过来促进新技术的产生、发展与扩散。

1.1.1 第一次工业革命：技术发明引领

第一次工业革命是从 18 世纪末到 19 世纪中期，是创新发展的第一阶段。英国作为领头国家，发明了蒸汽机来代替手工并使蒸汽机得到广泛应用，为传统手工劳动的生产方式带来了改革，经济主体逐渐被机器工厂占据。纺织业、石油业、冶金和采矿业等行业成为创新的新载体，在工人们的实践积累中实现技术发明和创造。这一时期的组织竞争主要体现为个体小业主和小公司之间的竞争，而小企业在协作过程中形成有助于技术创新和财务管理的合作，形成合伙制结构关系。此时技术发明和创造引领了全球创新的方向，为下一阶段的创新奠定了基础。

1.1.2 第二次工业革命：产业创新主导

第二次工业革命开始（19 世纪中期）到第三次科技革命前（20 世

纪70年代）是创新演变的第二阶段。从英国发展较成熟的钢铁、煤炭、纺织和机械工程等基础性产业向化学、光学和电学等新工业部门转移，技术领导地位由英国向美国和以法、德为首的欧洲国家转移。欧美和日本的资产阶级革命为其工业革命提供了阶级基础，第一次工业革命的发展为其带来了经济基础，世界殖民系统的建立使其具备了需求基础，因此欧洲国家、美国和日本成为这一阶段创新的主导国家。发电机、内燃机等电气机械的发明和应用是第二次工业革命创新的成果，电器、化学等产业成为创新第二阶段的载体，这一阶段的创新主要表现在技术创新。

第二次工业革命的兴起，是由大企业主导的。大企业把产业与规范科学联系起来，作为这一时期组织创新的重要标志，一方面企业外部开展规范化研究的机构作用明显增加；另一方面企业内部基于经验和编码的科学与技术知识成为企业扩张的强大推动力。

1.1.3 第三次工业革命：技术融合应用

20世纪70年代，信息通信技术在工业领域大规模的应用标志着第三次工业革命的开始。计算机技术渗透到各个领域，集成电路（芯片）的发明与应用产生了深远影响。信息计算机、航天技术、原子能和生物工程等产业成为创新第三阶段的主要载体，紧密结合各个学科的理论基础与技术，与各个领域、行业结合展开深入研究，这一阶段的创新开始向综合性的技术创新发展。

日本是第二次世界大战后的战败国，但之后日本的一系列举措使其经济飞速发展，最重要的是国家创新系统的建立。政府和企业对创新的大力支持，包括机械、材料、通信、汽车和新能源等行业都成为创新的领军行业。创新思想深入日本的国家文化，国家的各级政府、企业和生产要素之间相互作用、相互影响，形成了20世纪90年代最有效的国家创新系统。日本高速发展了近30年后进入了衰落时期，而此时美国的硅谷等产业区的发展促使美国经济开始恢复。硅谷的强大生命力和创造力已经不能由创新系统来解释，解释其发展现象最恰当的则是创新生态系统理论。这一阶段的创新与传统创新系统相比，具备了一定的生态性，即创新系统的自组织能力、多样的动态平衡以及开放的对外交流等。硅谷的发展模式恰好符合生态性的特点，本身具有优越的创新环境、系统再创新的能力、多样的市场层次和大量的创新人才，使得系统内的各个创新主体相互作用，从而保证了美国的高新技术产业因硅谷而再次崛起。

1.1.4 第四次工业革命：数字技术重组

2013年德国汉诺威工业博览会使得"工业4.0"概念受到关注。此概念是指利用物联信息系统（Cyber-Physical System，CPS）将生产中的供应、制造、销售信息数据化、智慧化，最后达到快速有效、个人化的产品供应。这包含了由集中式控制向分散式增强型控制的基本模式转变，目标是建立一个高度灵活的个性化和数字化的产品与服务的生产模式。在这种模式中，传统的行业界限将消失，并会产生各种新的活动领域和合作形式。创造新价值的过程正在发生改变，产业链分工将被重组。"工业4.0"也被称为第四次工业革命。

从"技术"的角度可将第四次工业革命视为数字化、网络化、智能化等多种技术族群的涌现。从"要素"的角度可将其看作数字要素、新能源等新型要素的产生。从经济运行逻辑的角度，可以将其看作边际成本为零，这也在一定程度上解释了第四次工业革命中的信息化和服务化内容。从创新链的角度看，第四次工业革命推进的模块化大大降低了技术创新对模块之间默会性知识的依赖，显著降低了对默会性知识学习的成本，使创新链更具开放性和跨边界性，基于更加开放的资源合作和技术市场的重组式创新将成为主导的技术创新模式，传统的线性创新结构将被打破，产业链与创新链的关系将呈现非线性、开放式关系。

1.2 生态理论观重塑创新规律认知

创新生态系统理论是创新理论和生态学理论的有机结合，是对创新系统的理论思想进行扬弃，同时吸收生态系统理论的主体观点，但也离不开演化经济学的辅助。创新生态系统理论是创新理论深化发展的结果，是突出了动态生长特性的创新系统。

1.2.1 创新系统理论

创新系统理论是创新理论的延伸。创新的英语"innovation"一词来源于拉丁语，通常是指以新思维、新发明和新描述为特征的概念化过程。不同学科对创新的界定存在较大差异，其中使用较为广泛的是经济学领域的概念，起源于经济学家熊彼特1912年出版的《经济发展概论》，在这一著作中，他将创新定义为一种新的生产要素和生产条件的"新结合"引入生产体系，包括引入一种新产品、新生产方法、新市场、新原料或半成品。此后，国内外学者对创新本质的探求并未停歇。

熊彼特对创新概念的研究也有一个转变：初期是将创新与资本及劳动力相区别，作为经济系统的一个外生变量，是企业家为获得短期超额利润而进行的原始价值追求；随着他对创新概念的深入，将技术创新内化为经济系统的一个变量，视为资本积累的副产品，并认为创新是企业发展和获取优势的关键。Myers 和 Marquis（1984）指出，技术创新是一个复杂性活动过程；Mueser（1985）对技术创新进行系统分析，认为结构新颖且能被应用是技术创新的特点。从中可看出，系统角度的创新理论在逐步形成，Freeman（1987）在日本通产省技术追赶问题研究中首次提出"国家创新系统"（National Innovation System）概念，认为国家创新系统是由私营部门和公共部门相互合作共同构成的网络，各部门机构通过该网络进行技术研发、改进、提升和传播。Nelson（1993）提出了国家创新系统的制度体系，并对 15 个国家的创新系统做出比较，认为国家创新系统是企业、学校和技术政策的相互融合；经济合作的发展组织（Organisation for Economic Co-operation and Development，OECD）（1997）将国家创新系统定义为一个将知识、技能进行创造、存储和转移的网络系统，主要由参与技术发展和传播的企业、学校和科研机构组成。

随后，创新系统理论被广泛关注，不局限于国家层面，国际区域或国家内部区域的创新系统、部门或产业创新系统、企业创新系统逐步拓宽了创新系统理论的边界，但其本质均为创造、传播和使用知识，仅是地理维度的差异。在一个有反馈机制的系统中，系统各组成部分之间的关系和属性并不是一成不变的，因此，创新系统理论在时间维度的差异也被关注，即作为一个复杂的、动态的社会系统，但系统内创新主体之间的连接始终是关注的重点，技术创新是其核心活动。

1.2.2 生态系统理论

创新生态系统是创新系统的"生态学隐喻"，所以生态系统理论无疑是创新生态系最直接的理论基础。生态系统（Ecosystem）这一概念由英国生态学家 Tansley 受丹麦植物学家 Warming 的影响，在 1935 年首次明确提出：包括复杂的有机体成分以及复杂的环境，上述复杂因素共同构成了一个物理系统，统称为生态系统，并且生态系统具有不同的大小和种类，是特定空间内各生物群落与环境之间因为发生物质、信息、能量交换形成的一个整体，它是生态学的基本功能单位。

随着生态学的不断发展，尤其是环境保护主义和可持续发展理念在全球的兴起，生态系统被应用于诸多领域，也使得发展至今其含义逐渐丰富但尚未形成统一的标准。但相对广泛应用与接受的定义是：在特定的时间和空间范围内，生物主体和非生物环境构成的具有特定大小和结构的动态功能结合体（戴宁，2010）。生物要素按照食物链上的相互关系，分为生产者、消费者和分解者：生产者是以简单的无机物制造食物的自养生物，主要是绿色植物；消费者是直接或间接依赖于生产者所制造的无机物质，包括素食动物、肉食动物、杂事动物和寄生动物等；分解者是以动物和植物的残食中的有机物作为能量来源，把复杂的有机物分解成简单的无机物，如分解成水、二氧化碳等可以被生产者重新利用的物质。非生物要素是生物要素周围的非生物环境，包括太阳产生的辐射以及所有有机和无机成分。

生物要素的范围分为物种、种群和群落，对应生态系统内部不同的层级。物种是指具有特定的形态和功能，能够自然交配、繁衍产生后代的生物个体。物种立足于生物个体，而种群则更强调一定时间内在特定的地理空间区域物种的集合，也就是说不同地理位置下的同一种生物个体是同类型的物种，但却是不同的种群。生物群落是指同一时间生存在同一个地理位置范围内的，具有捕食、共生或者寄生关系的全部生物种群的集合。

生态系统具备整体性、复杂性、开放性、功能性、进化性、自发性、动态性和可持续性等重要特征。这是一个对外保持开放，能够持续获取外部能量流入的复杂系统。生物多样性是其动力来源，而生物间、生物与外部环境之间的生物关系，是推动生态系统不断发展的动力机制。这种相互关系的协同使得系统具有自我调节功能，支撑着其不断演进和发展。

1.2.3 创新生态系统理论

创新生态系统理论是由创新理论衍生的创新系统理论和生态系统理论结合而来，Hannan & Freeman（1977）首次以生态学视角对企业发展的外部环境进行诠释，Moore（1993）将生态学理论应用于竞争战略，并提出企业生态系统概念，然而创新生态系统正式进入人们的视野源于美国硅谷成功模式带来的思考。Adner（2006）率先将生态系统的理念引入创新系统的研究，正式定义了"创新生态系统"（Innovation Ecosystem）的概念。Adner认为创新往往不是单个企业可以独立完成的，而是通过打造协同网络，与合作伙伴进行互补性协作才能产生具有顾客价值的产品，并于2010

年再次提出创新生态系统内涵，是由企业和市场及所处自然、社会和经济环境构成的系统，企业不再是独立的创新者，而是更广泛的创新生态系统的参与者。生态系统反映的互动、均衡、边界、稳定、靠近、持续和动态性等运行模型也基本适合创新生态系统，但也存在明显差异性，具体可见表1-1。

表1-1 创新生态系统和生态系统的对比

组成部分	创新生态系统	生态系统
生产者	各种资源进行技术创新的创新个体总称，如高校、科研院和企业	以简单的无机物制造食物的自养生物
消费者	吸收、使用创新成果的各种创新型组织	不能从无机物中制造有机物质，直接或间接依赖于生产者所制造的有机物质的生物
物种	具有相似资源能力和产品的创新组织的集合	具体一定的形态结构和生理功能，并在自然状态下能相互交配、产生可育后代的生物个体
种群	在一定地域内，具体相似资源能力、技术及产品的创新组织的集合	在一定时间内占据一定地理空间的同一物种的所有生物个体的集合
群落	在特定时空内，创新种群与环境相互作用、相互适应而形成的具有一定结构和功能的创新组织集合体	在相同时间内生活在共同地域范围内的，存在直接或间接捕食、共生或寄生关系的所有生物种群的集合
内部结构	以创新价值实现为目的形成创新网络	物种间营养关系构成食物链网
进化	创新个体通过渐进性创新而取得技术上的进步和完善	在一个系统中导致延续多代的可遗传性变化过程
突变	创新主体通过创新活动获得技术上的重大突破	物种遗传物质的可遗传性改变
协同	各创新主体既竞争又合作，协同发展	为适应环境，各种群通过相互作用、相互适应而共同进化

随后，创新生态系统理论在学术界引发了新一轮的研究浪潮，诸多学者从系统学、网络视角、要素视角、协同学等方面展开探究，进一步丰富了该理论内容，拓宽了其研究边界。创新生态系统吸收了创新系统以及创新网络的理论思想，同时创新主体在其所处的生态环境中不断与其他要素进行物质、能量、知识、信息和资源的输入和输出，由此突出了生态系统独特的动态平衡性和协同多样性等特征。

与创新系统相比，创新生态系统更加突出创新主体要素之间的互动性和创新主体要素对外部创新环境的紧密依赖性；它把创新看成一个内容更为丰富、联系更加紧密、结构更加复杂、整体愈加优化的复杂的开放的自组织系统。但创新生态系统本质也是创新系统，具有创新系统类似的结构、功能和网络特征等，张仁开（2016）对二者进行详细比较，具体可见表1-2。

表1-2 创新生态系统和创新系统的对比

特征	创新系统	创新生态系统
研究视角	工程学视角	生物学视角
要素关系	要素边界清晰，关系复杂，强调不同主体间的协调	要素更加多样、异质且更迭多，关系更为复杂，强调不同主体间的有机联系
政府功能	强调政府强势参与，认为技术创新与政府职能结合才能形成创新系统	从技术政策到生态化的创新政策的转变，强调政府内部和要素的协同
运行机制	较少关注演化机制	重视选择机制，如创新要素与创新环境之间的选择与适应问题
发展环境	工业经济，工业社会	知识经济，科学社会，互联网、信息通信技术系统平台

1.2.4 创新生态系统演化

创新生态系统也是创新模式演化的结果。初期是线性创新模式，创新主体强调企业单体内部，多是集中式内向型创新。随着技术与市场间沟通得到重视，科学研究决定创新的传统线性模型逐步转化为创新链环回路模型、技术与市场互动模型，进一步借助20世纪后期科学技术的飞速发展，非线性创新模式和创新系统概念被引入；认为创新是多种参与者的互动和学习，更注重创新活动中的反馈和互动，不再只有确定的因果关系，而是所有参与主体与环境共同作用的结果。比如，企业之间的互动与合作离不开政府提供的技术和政策支持，同时创新活动也需要大学和科研机构，建立产业、大学、政府间的产学研关系的重要性凸显；创新主体的范围逐步拓宽，还可能与供应商、下游消费者相关联，各个创新组织之间建立一个协同、互补的合作机制，是促使创新可持续发展的关键。生态系统创新是"政府+企业+学研+用户""需求+科研+竞争+共生"四螺旋驱动模式，一方面强调用户导向创新，另一方面基于生态理论对技术演化做了新的诠释。创新模式的演变过程见图1-1。

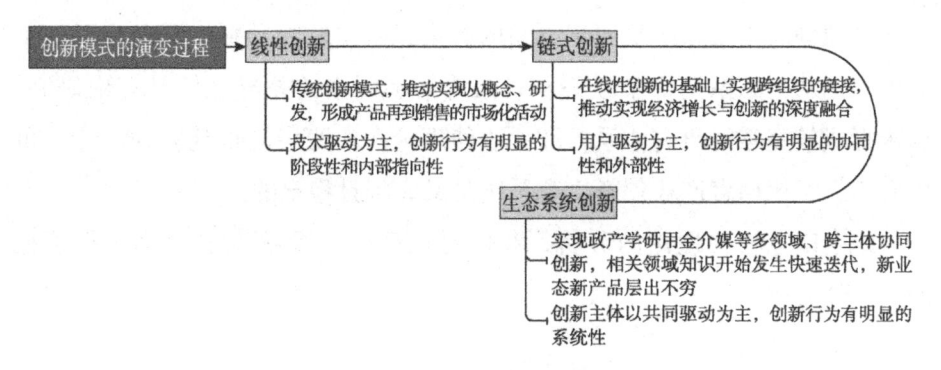

图 1-1 创新模式的演变
资料来源：作者使用"文心一言"绘制

创新生态系统向多层次演化，分为企业微观层面，产业或区域中观层面，以及国家宏观层面。从表1-3的对比可知，各个层次的创新生态系统之间存在明显差别，但也紧密相关。企业作为经济活动的重要主体，其创新活动是任何创新生态系统的基石；随着创新的深化和集聚使得产业创新生态系统和区域生态系统得以实现；国家创新生态系统尚未实际形成，但理论发展在逐步完善。

表 1-3　多层次创新生态系统的对比

研究层次	微观层面	中观层面		宏观层面
研究对象	企业	产业	区域	国家
研究重点	企业利润最大化	产业可持续发展	区域可持续发展	国家可持续发展
创新重点	企业创新	产业集聚下的产业创新	空间集聚下的区域创新	国家整体创新
创新机制	中小企业、初创企业的创新活动为基础，大企业的开放式创新活动主要维持发展	始于企业内部技术创新，经过产业链创新向创新生态系统过渡	企业内部技术创新集聚形成微区域创新，逐步集聚形成城市创新生态系统	多产业创新生态系统在同一个国家内通过运行、演化等行为逐步集聚而成

但对各层次创新生态系统的研究也存在不足，微观层次下的企业创新生态系统比较分散，企业集聚度较弱，稳定性有待进一步考察；中观层次下的区域创新生态系统受制于空间的约束，研究较为局限；而宏观层面下的国家创新生态系统由于经济和科技等诸多因素的差异也仅是理论研究，尚未形成较完整的研究体系，即无法使理论在实践层面得到验证。综上可以看出，相比而言产业创新生态系统是最完善且稳定的。

综合以上相关理论的分析，我们对创新生态系统发展脉络进行了梳理，具体见图 1-2。

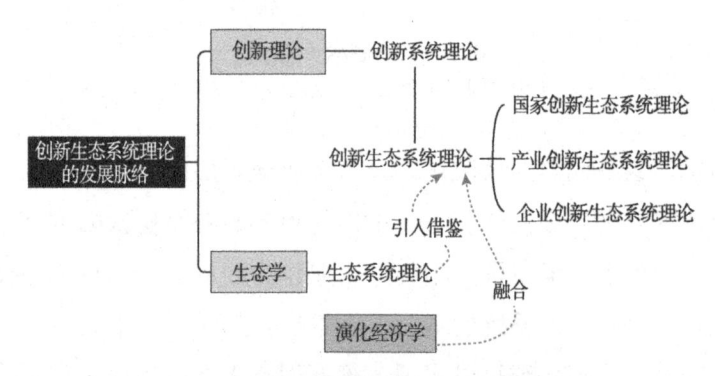

图 1-2　创新生态系统理论的发展脉络
资料来源：作者使用"文心一言"绘制

1.3 产业创新生态构建四步骤：抓点、连线、成面、组网

产业创新生态系统是指在一个有限的环境范围内，由产业创新群落与产业创新环境组成的系统，系统内每个构成要素不断地进行交换与传递，通过物质、能量和信息三者之间的沟通形成竞争与合作关系，呈现出以"点、线、面、网"为阶段性特征的动态演化过程，最终形成一个开放式复杂系统。

1.3.1 抓点：推动产业创新主体集聚

在产业创新生态系统中，创新主体是创新活动中最基本的单位，包括企业、政府、高校和科研机构、中介机构、金融机构等；创新种群是指基本属性相同的创新主体集聚在一起形成的群体，如企业种群、政府种群、金融种群等；创新群落是指由不同性质的创新种群聚合在一起形成的群体。根据不同种群对产业创新系统作用的差异可分成企业创新层、技术创新层、辅助创新层：企业创新层主要包括核心企业、垄断企业、竞争企业、合作企业、消费者等；技术创新层主要包括高校和科研机构；辅助创新层主要包括政府、中介机构、金融机构等。

各个层次相互协同，集聚促进产业创新的发展。例如，企业高校合作创新，高校为企业提供高水平、高层次的专业人员；企业科研机构创新，研发对于企业创新的重要性不言而喻，但仅凭企业自身科研实力难以走在科学技术前沿，而科研机构和高校则是高层次人才和前沿技术的摇篮。再者，政府也在整体产业创新生态系统中发挥了重要的引导作用，例如，制定相应的产业发展政策，提供相应人才引进福利政策，为企业融资搭建平台和桥梁等。而衍生出的各类中介机构等则构成了整个产业创新生态主体集聚的黏合剂，减少信息不对称，提高产业创新生态系统的各种资源，如知识、资本、人才、信息等的配置效率。

1.3.2 连线：促进产业创新链形成

产业创新生态系统使得政府、企业、科研机构和高校、消费者等产业创新主体集聚，围绕技术、产品、资本、信息等资源协调互动，利用创新关联的作用逐渐发展成多种形式的产业创新链条。根据不同创新模式，产业创新链条可分为以下几种。

1. "竞争—共生"企业促创新

在产业创新生态系统中，企业作为产业创新的核心主体，将与其他企业主体之间演化为两种典型的生态关系。第一种是由于竞争关系带来的创新动力，为不断保证自身企业的可持续发展动力，在一定程度上投入研发，并且由于资源有限性和理性经济人的假设，企业将会创造一系列的壁垒来规避自身技术创新外溢，始终占据有利的地位。第二种是由于合作共赢带来的共生关系，例如，有的小企业在面临创新的巨大研发投入成本背景下，将会主动选择和有优势的大企业合作，也有的是占据主导地位的相当规模的企业主动展开相关领域合作，最大化资源利用效率，充分利用产业创新生态的规模优势，互利共生。

2. "产学研"促进产业创新

尽管企业是产业创新中的重要主体，但是实践证明仅靠企业很难在高新技术产业持续投入。而高校和科研机构本来就具备培养高端人才和研发前沿技术的能力和动力。因此，通过企业、高校和科研机构三者的良好健康合作关系，可以实现前沿技术的共享和知识产权的经济效应，这种经济和技术的不断互补合作，逐渐发展形成了产学研创新机制，是整个产业创新生态系统的关键创新链条之一。在此基础上还逐渐发展形成"政产学研"和"政产学用"等多种产业创新链条。

3. "消费需求"引致产业创新

消费者是产业生态系统的最终使用者，一方面，从消费者需求出发，基于消费者的真实需求倒逼企业优化现有技术，不断创新，是企业始终保持市场份额的持久动力；另一方面，在产业生态系统中，消费者也是重要的创新主体，消费者可以主动参与产业创新，利用自身的知识、需求和消费者洞察，对产品技术、功能、外形、包装等进行设计和创新。

1.3.3 成面：加速产业创新资源集聚

随着各类创新产业链不断融合汇聚，叠加政府、金融机构、中介机构等创新主体黏合作用，形成以创新主体为关键核心节点，不同创新链条共生发展的产业创新生态系统的初始形态。具体可以表现为两个重要特点：一是系统的开放与引导；二是系统的融合与协调。

与传统产业创新理论不同的是，系统的开放性使得整个产业创新生态系统得以可持续发展。首先，在产业创新生态系统中，不同的创新主体能够随时加入该系统，并且不同的产业创新链条是兼容的，不会存在互相驱逐竞争。其次，系统的开放性进一步放大了整个产业创新主体的黏合作用，通过创新主体的技术创新动力刺激产业创新链条的纵向发展，同时政府等主体为人力、物力、财力等资源在系统中相互融合创造政策等环境条件。系统的引导作用则更多体现在企业等创新主体，将会通过精准洞察政府等主体的创新发展战略，重点科研计划等相关产业政策的变化情况，从而引致整个产业和市场的动态变化。

在整个产业创新生态系统中，各个主体将会围绕技术、资本、产品等进行不断的资源交换，实现整个生态系统的协调发展。因此，系统的融合和协调将会使得产业创新生态系统成为产业创新资源的汇聚地，各创新主体通过利用和配置相应的创新资源，创新各产业发展新模式，从而加速推进创新产业集群式发展。主要的产业创新资源可以分为以下几种：一是技术资源，包括知识资源、技能资源和信息资源。创新技术资源是产业创新的根本，高校和科研机构通常提供知识资源，企业是技能资源的重要提供方，而中介机构则是信息资源的首要来源。二是资本资源，主要是指物质资源和资金资源，如土地、机器、资本等。通常政府、企业、中介机构都是物质资源的主要提供者，资金资源离不开金融机构的支持。三是人力资源，主要是指高端人才及其具备的知识、能力储备。政府可以为人力资本的引进提供相应的政策措施，而高校和科研机构依旧是整个产业创新生态系统中高水平人力资源的重要教育和培养基地。

1.3.4 组网：实现产业创新生态系统形成

在"点、线、面"的基础上，要形成产业创新生态系统这样一种"网"离不开相关环境因素的支持。通过对已有研究的梳理，我们认为，创新政策是创新生态环境的基石要素。合理的创新政策能够为创新活动提供有效的制度保障和资源支持，同时也能够协调各方利益，推动创新生态的可持续发展。较为典型的是，政府可以通过提供财政资金支持、税收优惠等政策来鼓励企业和个人参与创新活动，从而推动科技成果的转化和商业化。

科技发展阶段是支撑创新生态发育的关键要素。科技创新能够推动新技术、新产品的研发和商业化，提高生产效率和产品质量，从而推动经济和社会的可持续发展。移动互联网、人工智能等新技术的出现和应用已经深刻地改变了我们的生产方式和生活方式。

营商环境是创新生态环境的重要组成部分。一个良好的创新创业市场能够为企业和个人提供更加公平竞争的环境，同时也有利于推动创新生态的可持续发展。例如，立法机构、行业协会等共同建立的知识产权运营环境属于创新生态中较为关键的一种营商环境，通过保障知识产权市场化行权活动进而保障创新者的利益，鼓励更多的企业和个人参与到创新以及相关市场化活动中来，促进创新生态的活力。

创新创业服务则是创新生态的重要保障。完备、优越的创新服务能够通过知识扩散、技术交易、私募股权投资等多种方式，有效地促进创新资源的高效利用和创新活动的顺利开展。同时，作为创新生态中具备高度市场化属性的环境要素，创新创业服务往往直接服务于创业主体，相较于其他公共属性的环境要素而言,它对推动科技成果的转化和商业化有着更加直接的作用,从而能够有助于产业创新生态形成一个有机的、自我演化的开放复杂系统。

综上,整个产业生态系统演化过程呈现出内部有机运行机制加上外部辅助环境共同组成的,有统一组织和目的的整体性的,公共服务和市场化活动相结合的特征。首先,企业、政府、高校和科研机构、中介机构、金融机构等创新主体集聚,由此,基于不同创新内在动力机制衍生出多种形式创新链条。之后,不同创新链条交叉融合形成初始产业创新生态系统网络。在此过程中,逐渐汇聚、发展和孕育出创新生态系统发展所必需的技术、资本和人力等重要资源。进一步,加上创新环境以及相关要素支持,多个层面的产业创新路径黏合在一起,通过"组网"形成产业创新生态系统(见图1-3)。

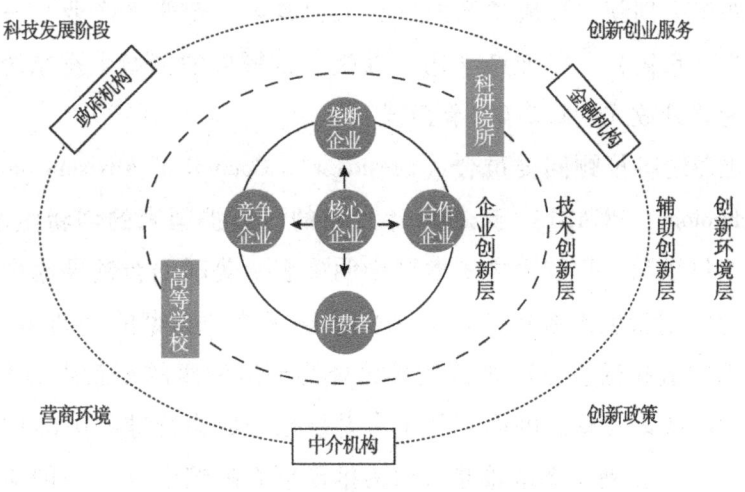

图1-3 产业创新生态系统结构图

1.4 全方位政策体系助力创新生态培育

美国、德国、日本等发达国家都在对创新生态政策体系进行持续的完善。我国已进入创新生态政策体系的第四个阶段——自主创新发展阶段。

中关村是全国创新生态系统的标杆，具备了构建优秀创新生态系统的基本要素。

1.4.1　世界主要发达经济体的创新生态政策体系

1. 创新3.0与创新生态政策

创新范式经历了三次变革：

第一次（创新1.0）是围绕内生增长理论为核心的线性创新模式，认为创新外部性和市场失灵是创新战略和政府干预的重点内容。

第二次（创新2.0）是包括开放式创新理论和政产学创新三螺旋理论的国家创新体系理论的发展，OECD进一步指出政府在创新过程中自上而下的重要作用。随着创新生态理论的提出，创新理论逐渐进入3.0时代。

第三次（创新3.0）是以演化经济理论和创新生态理论为核心的生态系统化跨组织创新，形成"政府（公共机构）—企业（产业）—大学科研—用户（市民）"的政产学用"共生"四螺旋的创新生态系统。欧盟将其称为"开放式创新2.0"新范式。

美国总统科技顾问委员会（President's Council of Advisors on Science and Technology，PCAST）于2004年发布的《维护国家的创新生态系统：保持美国科学和工程能力之实力》中明确表示美国创新领导地位是基于其有活力的创新生态系统。而另一份报告《维护国家的创新生态体系、信息技术制造和竞争力》则首次提出要为创造健康的创新生态系统[①]提供一系列的政策支撑。因而创新生态系统已经成为全球各国的核心战略（见表1-4）。创新生态政策是政府为推动创新战略建立良好创新生态系统的有价值的政府行为，具体实施形式上可包括政令、演讲、报告等，内容上一般可细化为科技规划、创业就业、税收优惠、科学普及等具体措施。

---

① 健康的创新生态系统包括以下几个组成部分：发明家、技术人才和创业者；积极进取的劳动力；世界水平的研究性大学；富有成效的研发中心；充满活力的风险资本产业；政府资助的聚焦于高度潜力领域的基础研究。

表 1-4　世界主要经济体的创新战略

国家	代表性战略/规划	重点内容
美国	"2019 财年政府研发预算重点"备忘录	提出了创新式基础性研究、基础设施和人才培育方面的推进
德国	科学与创新（2014）	提出了培养优秀人才、科学设备投资等 6 条政策
中国	科技创新"十三五"规划（2016）	"国家中长期科学和技术发展规划"确定了到 2020 年进入创新型国家行列的目标，"国家创新驱动发展战略纲要"确定了到 2050 年阶段式国家目标
日本	"实现经济共同富裕"	提出了"引领科技发展的第四次产业革命"（五大战略之一）和三个"国政课题"（第四次产业革命、创造科技创新环境、青年科学家和基础研究支持）

资料来源：《中国创新崛起：中国创新生态发展报告 2019》，德勤（中国）

2. 部分发达国家创新生态政策体系

由于创新的范式发生了巨大的变化，各国也在积极展开对创新政策体系的新探索，并且受到世界经济整体增速放缓、贸易单边主义和保护主义逐渐抬头的国际形势影响，全球创新竞争呈现新的格局和发展。为保持全球经济的领先地位，以美国、欧盟和日本为主要代表的发达经济体率先构建本国的创新生态政策体系。

美国政府多年来持续推动以创新生态为主的国家战略和政策体系。2009 年，美国发布政策报告《美国创新战略：推动可持续增长和高质量就业》，直接指出引领美国创新生态的多个层次。同年，美国国会通过了《美国复苏与再投资法案》，预计投资 1000 亿美元支持创新、教育和基础设施等创新及相关活动。2011 年，美国积极倡导的科学政策研究取得阶段性成果《科学政策学手册》。2012 年，《崛起的挑战：美国应对全球经济的创新政策》这一报告中又进一步明晰了创新生态体系的主要特征，包括企业与大学之间的紧密合作等。2013 年，美国科学院在《国家与区域创新系统的最佳实践：在 21 世纪的竞争》中认为国家竞争力重点在于创造和构筑完善的创新生态系统。2015 年，美国国家经济委员会和科技政策办公室联合发布了《美国创新战略》，明确美国创新生态系统的战略目标[①]、优先发展领域和关键要素，意图把美国打造成由技术、投资、政策、产业等多种驱动力支撑的超级创新大国。

实际上，欧盟也在不断摸索创新生态策略和政策路径。早在 2002 年，Lengrand 就提出了当前时代需要新的创新政策。2008 年，《欧洲创新政策：测量与战略》公开出版，详细描述了欧盟新时代创新战略和政策体系。2011 年，为探索适应新时代变化的创新政策，安永独立专家组 Renda 出具报告《下一代创新政策：欧盟创新政策支持市场增长的未来》。2013 年，欧盟还在"开放式创新 2.0"的基础上发布"都柏林宣言"，将新一代创新政策的焦点转向围绕创新生态系统的 11 项策略与政策路径。

日本是后发国家学习的一个典型案例。2006 年，日本内阁会议通过的第三期科学技术基本计划强调要改革国家创新体系。基于此，日本围绕以下三个部分完善创新政策体系：加大政府对企业研发投入的支持力度；优化政府对中小企业的政产学联合引导和管理作用；改善制度环境等配套措施，最典型的是专利政策。同时，日本还在国家层面推进创新政策学——2011 年日本设立了"重新设计创新之科学"的计划（Science for Redesigning Science, Technology and Innovation, SciREX 计划），提出要实施重大的政策转向，强调将创新生态作为日本维持今后持续的创新能力的根基所在。为配合上述目标，日本连续多年在国家层面建立完善的创新生态政策体系，通过不同层面的创新政策制度实现调节资源要素、主体要素和环境要素的相互作用的耦合关系。

目前，学术界已经进入创新生态理论的研究范式探索阶段，与此同时，国际各个主要经济体高度重视这一新的创新方式，部分国家将其上升

---

① 美国创新生态系统的战略目标之一即打造具备创新意识的联邦政府，优化资源配置，为民间机构和公民团体等私营部门创新提供更好的环境。

到国家战略的高度进行工作部署，为构建健康、有活力、可持续发展的创新生态系统，在国家层面积极推动相应的政策实践，甚至是发展出科技创新政策学，强调政策体系的科学基础。可以说，美国、西欧、日本等世界发达国家和地区已进入创新生态政策为主的时代。

1.4.2　四个阶段认识我国创新生态政策体系

1. 我国创新生态战略和政策体系的发展

当今世界正在经历百年未有之大变局。新一轮技术和产业革命对现有的生产方式、技术体系和组织形式造成巨大的冲击，再加上伴随着新冠疫情、贸易保护主义等国际形势的不确定性，给各国经济带来了巨大的挑战和危机。而我国在经历了飞速增长的黄金时期后，面临经济增速放缓、人口老龄化和外部环境复杂化等挑战，单纯依靠要素红利（劳动力和资本）推动经济社会发展的模式呈现放缓趋势，从各方的共识来看，创新将成为我国未来经济增长的重要动力。来自波士顿咨询公司的一项报告《解码中国创新：过去、现在与未来》中提出以全要素生产率（Total Factor Productivity，TFP）作为衡量创新对宏观经济增长贡献的指标来看，2019年我国的TFP为美国的44%，为OECD国家平均水平的60%，创新潜力还有待进一步挖掘。

我国早在计划经济时代就将创新视为一国发展的重要战略目标。1992年我国改革开放后正式建立战略性新兴产业。1996年，我国通过《中华人民共和国促进科技成果转化法》和《中华人民共和国科学技术进步法》。2006年，我国《国家中长期科学和技术发展规划纲要（2006—2020）》中正式提出建设中国特色国家创新体系的战略。一方面，面对日益加剧的国际经济和科技竞争的压力，只有加快体制创新和科技创新，才能从根本上实现中华民族伟大复兴。另一方面，随着经济全球化和科技一体化的发展，创新生态系统逐渐成为各国创新战略的新焦点。因此，以政策有效引导和融合科技和经济生态系统，构建我国创新生态政策体系是我国实施创新驱动发展战略和建设创新型国家的必然选择。

从历史上看，我国创新生态政策体系的发展脉络一共经历了四个重要阶段：

第一阶段（1978—1984年）：引进发展阶段。随着改革开放拉开序幕，中国的创新政策体系进入第一个阶段。为提高中国科技水平，1978年，邓小平在全国科学大会上指出"我们要积极开展国际学术交流活动，加强同世界各国科学界的友好往来和合作关系"，大会还通过了《1978—1985年全国科学技术发展规划纲要》。这是中国历史上第一次提出将科学技术作为经济发展的动力源泉。

第二阶段（1985—1994年）：追赶创新阶段。通过一系列引进的政策推动，我国科技水平不断上升，并且开始有"走出去"的意识。1985年，中共中央发布的《关于科学技术体制改革的决定》指出，中国应该逐渐开始消化和吸收引进回来的技术，提高自主研发能力，并且鼓励有潜力和水平的研发项目进入国际市场。一方面鼓励研究机构向国外开放；另一方面也鼓励科研机构和人员走向国内市场，推动科技成果的市场化。中国开始探索建立高新技术开发区，著名的中关村科技园就诞生于这一阶段。

第三阶段（1995—2005年）：开放创新阶段。1995年，党中央、国务院发布《关于加速科学技术进步的决定》，其中首次明确提出"科教兴国"战略，并且从"产学研"体系逐渐转向"政产学研"的国家创新生态体系。此阶段除了更多强调"为我所需，为我所用"，"走出去"的政策力度也逐渐加大，《关于加速科学技术进步的决定》中提出"进一步扩大对外开放，广泛开展国际科技合作与交流"；同时期《国民经济和社会发展第十个五年计划纲要》也提出"进一步推动全方位、多层次、宽领域的对外开放"。同时，企业也开始成为技术创新重要主体，百度、阿里巴巴、腾讯等互联网公司在此阶段先后成立。

第四阶段（2006年至今）：自主创新阶段。2006年是我国正式探索国家创新生态体系建设的初始。《国家中长期科学和技术发展规划纲要

（2006—2020）》正式提出建设中国特色国家创新体系的战略。2012 年，党中央、国务院发布《关于深化科技体制改革 加快国家创新体系建设的意见》。2016 年，国务院颁布《"十三五"国家科技创新规划》，进一步提出要建设高效协同国家创新体系的目标。同年习近平总书记在全国科技创新大会、两院院士大会、中国科协第九次全国代表大会上的讲话提出：为建设世界科技强国而奋斗。2017 年，党的十九大再次强调国家创新体系建设对建设创新型国家意义重大。同年国务院还颁布了《关于印发国家技术转移体系建设方案的通知》，提出国家技术转移体系是推动科技成果扩散、流动、共享、应用并实现经济与社会价值的生态系统。在中央全面深化改革委员会第二十五次会议上，习近平总书记强调：营造有利于原创成果不断涌现、科技成果有效转化的创新生态。2022 年，党的二十大报告把创新驱动发展战略摆在国家发展全局的核心位置。形成以"政府引导，多方参与"的政策体系格局。

回顾我国过去 40 年创新生态政策的关键举措，可以看出我国始终将创新视为战略发展目标，并立足本国实际，在不同的发展阶段以政策引导创新战略和机制改革，逐渐从"政府主导"到"政府引导"，从单一关注技术向创新生态转变。

2. 区域创新生态系统特点及政策

区域创新发展是完善国家创新生态系统的重要一环。党的十九大报告明确提出建立更加有效的区域协调发展新机制。随着我国创新政策在国家层面的不断推进，探索互动共生的创新生态政策如何推动创新生态在区域层面落地已经成为各地区创新发展的关键。区域创新生态系统是基于区域自身资源禀赋的集聚，依托于系统内要素共生共荣的动态演化过程。从各方面来看，我国区域间的要素禀赋差异巨大，针对不同地区的经济发展特点和要素结构，其创新生态的侧重点也应不同，区域创新生态系统能够兼顾区域间差异化的创新资源和创新效率。例如，经济相对落后的地区更多关注农业等创新领域，而经济较为发达的地区则可主要发力在高精尖技术创新和国家战略布局。同时，也有研究认为，我国中央政府对地方政府的直接管辖能力，能够保证创新生态战略规划切实传导到地方落实，同时，地方政府也会为争夺中央资源互相竞争，这使得中央和地方之间的协同创新阻力大大降低。因此，强调创新要素间的互动共生和有效匹配，制定优化创新生态系统政策体系对促进地区创新生态共生和区域经济发展具有重要意义。

因此，形成地区代表性创新生态系统，是作为国家和地方政府推动创新产业发展、区域创新和经济发展的重要抓手，汇聚高端创新资源和要素的重要载体。2009年国务院批复中关村国家自主创新示范区作为第一家国家自创区，同年12月，国务院批复建设武汉东湖国家自主创新示范区。截至2022年5月，国家自主创新示范区数量已达到23个。我国"十四五"规划和2035年远景目标纲明确提出要"建设重大科技创新平台"，明确"支持北京、上海、粤港澳大湾区形成国际科技创新中心"。因此在国家、地方政策支持下，打造标杆性创新生态系统，将政府、企业、市场、研究机构等多方纳入一个联合体，通过政策体系、服务供给和创新资源的泛在链接，是实现科学创新、技术落地、推广应用的全体系的健康的有活力的创新生态系统的重要举措。一般来说，创新政策主要是以刺激企业发展，鼓励创新产出，推动科技进步为核心。一方面，各地科技立法都取得了重大进展，上海、大连、武汉等地修订了科技进步条例，包括规定财政科技投入比例、促进金融与科技结合的扶持机制、支持中介服务体系建设以及促进科技资源开放共享等。另一方面，政府还支持项目引进和人才引进等活动，通过平台建设和机制创新等相关创新活动予以保障。还通过一系列的举措，如知识产权保护、就业保障、孵化器设立等来推动创新活动。与此同时，政产学研等创新主体和创新活动的深度合作也是地方政府的着力点。

3. 我国创新生态政策取得的具体成效

随着我国创新政策在国家层面的不断推进，探索互动共生的创新生态政策如何推动创新生态在区域层面落地已经成为各地区创新发展的关键。为此，政府主要从项目引进、公共服务、平台建设、机制创新、人才支撑等方面着手对创新活动加以保障。以地区代表性创新生态系统为核心向外辐射的区域生态体系是国家和地方政府推动创新产业发展、区域创新和经济发展的重要成果。如今，我国创新生态系统已经呈现出区域生态圈集聚态势。有研究把我国区域创新生态体系分为京津冀地区、长三角地区和粤港澳大湾区以及中西部地区四个部分。

具体来说，京津冀地区是以北京为核心的创新生态体系，其创新机构、创新资源和创新环境都位居前列。2018年北京每万人发明专利拥有量111件，位居全国第一。

长三角地区创新生态构建完善，并且综合创新水平普遍较好，如上海、杭州、南京、苏州。特别是杭州近年来发展态势亮眼，2019年一季度独角兽企业已超越深圳。

粤港澳大湾区创新生态系统发展则以广州、深圳为主要代表，其中广州政策环境良好，政府不断推动新一代信息技术、人工智能、生物医药等战略，深圳则在应用层面走在前沿，覆盖移动通信、金融等多个领域，而东莞、佛山、珠海三地还有很大的提升空间。

中西部地区则主要是受到政策驱动的影响，尤其是落户、税收等人才和创新环境政策。成都和武汉则是中西部生态系统发展的核心地区。而从现有实践结果来看，目前我国区域创新生态系统建设已经取得了一定的成效，但是部分区域创新活动尚未完全形成有机生态系统，创新生态整体效能有待提升，还需要创新领先区域的辐射带动。

1.4.3 先行先试制度设计下的中关村创新生态政策体系

1. 中关村创新生态发展历史

中关村国家自主创新示范区（以下简称中关村）一直以来都被称为中国"硅谷"，是全国创新生态系统的标杆。早在20世纪80年代初，中关村就拥有了"中关村电子一条街"的说法,随后于1988年5月被国务院批准成立北京市新技术产业开发试验区。随着中国创新战略的不断布局,1999年6月,国务院批复要求加快建设中关村科技园区。2005年8月,国务院进一步做出关于支持做强中关村科技园区的8条决定。2009年,中关村试验区被批复成为我国第一家国家自主创新示范区。发展至今,中关村已经拥有40多家高等院校、200多家科研院所和300多家跨国公司研发中心,在人工智能、石墨烯、靶向免疫等领域走在世界前列。中关村科技园区作为我国科技创新生态系统的重要源头,持续发挥科技和创新的生产动力,不断催生和孵化科技创新新业态,并对全国形成广泛的辐射带动作用,始终是中国经济发展的重要支撑。如今,中关村人总说:"经济新业态,蕴含发展新动能;发展新经济,要靠创新驱动。"

2. 中关村创新生态政策体系的演变

值得指出的是,中关村的发展是中国政府创新生态政策变迁的一个时代缩影。从最早的设立到如今快速地自我创新和变革,中关村科技园区管理委员会通过落实国家创新驱动发展战略和科技工作的法律法规、规章和制度,组织和引导中关村创新生态系统的建立。自2010年以来,仅中关村作为示范区就发布了百余条政策规定,包括《关于促进中关村高新技术企业发展的若干意见》《关于中关村国家自主创新示范区股权激励改革试点工作若干问题的解释》《关于扩大中关村信用贷款试点的意见》等文件。如今,中关村已经形成了"1+4"的创新生态政策体系,其中"1"是指《关于支持中关村国家自主创新示范区重大前沿项目与创新平台建设的若干措施》,"4"是指《中关村国家自主创新示范区支持人才发展优化创业服务资金管理办法》《中关村国家自主创新示范区提升创新能力优化创新环境支持资金管理办法》《中关村国家自主创新示范区促进科技金融深度融合创新发展支持资金管理办法》《中关村国家自主创新示范区一区多园协同发展支持资金管理办法》。

总体来看,中关村创新生态政策体系发生了以下几点变化:一是更加重视高精尖行业的精准支持，率先支持一批能够具有全球竞争力的重大科技创新成果和新兴产业。二是政策和规制更加简单易行，在资金方面力度更大，透明度更高，同时配套创新政策更有针对性。三是对整个创新生态系统中外部环境更加重视，如金融配套、服务配套等，政府投入了更多适宜企业成长和发展的环境建设等。

3. 中关村是未来国际科技创新主平台

随着中关村不断发展，国务院也在不断对中关村国家自主创新示范区空间规模和布局进行调整。2012年10月调整后，中关村示范区空间规模扩展为488平方千米，形成了包括海淀园、昌平园、顺义园、大兴—亦庄园、房山园、通州园、东城园、西城园、朝阳园、丰台园、石景山园、门头沟园、平谷园、怀柔园、密云园、延庆园等16园的"一区多园"的基本空间格局。如今，中关村已经成为一个庞大的有生命动力和演化动力的创新生态系统，拥有近2万家高新技术企业，如联想、方正等，近40所高等院校，其中包括中国最高学府清华大学和北京大学，同时还包括以中国科学院在京院所为代表的科研院所140多家。仅中关村区域每年高校毕业生就超过10万人，创新创业高层次人才超过百万人，留学归国创业人员数量也占到全国的近四分之一。

从总体上看，中关村具备构建优秀创新生态系统的基本要素，包括但不限于创新生态政策、创新主体、产业集聚和创新创业环境等方面。

第一，在政策支持方面，中关村得到了政府的大力支持，政策优惠措施、基础设施建设、税收优惠等政策都为中关村提供了良好的发展环境和条件。

第二，在人才资源方面，中关村集聚了大量的高科技人才和优秀的科研机构，如中国科学院、清华大学、北京大学等。这些人才和机构的优秀创新能力和研发实力为中关村的科技创新提供了强有力的支撑。

第三，在产业集聚方面，中关村涵盖了多个行业和领域，形成了电子信息、生物医药、新材料等多个产业集群，形成了较为完整的产业链，促进了不同行业的交流和合作，为科技创新提供了广泛的平台和机会。

第四，在创新创业环境层面上，中关村注重创新创业环境的营造，建设了大量的孵化器、加速器、众创空间等创新创业服务机构，提供了全方位的创业支持和服务，为创新创业者提供了良好的发展环境和机会。

中关村科学城是北京市打造国际科技创新中心的"三城一区"主平台之一。因此，中关村还将持续汇聚行业领军企业、高校院所、高端人才、天使投资和创业金融、创新创业服务业、创新文化等创新创业要素，持续优化市场环境、法治环境、政策环境，加速推动创新创业生态系统不断升级。

第二章
集成服务：集成式科技服务促进创新生态发展

2.1 "科技地产""孵化器""创业金融"是推动创新生态发展的三类典型科技服务

科技服务业是近年来快速发展的重要产业。按照国务院《关于加快科技服务业发展的若干意见》，科技服务业主要包括技术转移服务、创业孵化服务、科技咨询服务、科技金融服务等专业科技服务和综合科技服务，产业发展目标是提升科技服务业对科技创新和产业发展的支撑能力。

通过梳理国内外资料，我们发现，从科技服务的供给端来说，目前业内典型的创新生态服务商主要提供"科技地产""孵化器"和"创业金融（风投）"三类科技服务业务（业内多称为"空间""服务""投资"），服务商多以专业化业务或多元化业务组合的形态出现，致力于满足创新生态和创新主体的特定需求；从科技服务的需求端来讲，不同的创新生态对于科技服务的需求侧重也不尽相同，供需两端共同推动科技服务助力创新生态发展。

2.1.1 "科技地产"服务综合型创新生态建设

在汇聚各类创新要素，打造"综合型创新生态"过程中，"科技地产"是创新生态服务的主要表现形式，主要业务模式是在科技地产或商业地产基础上衍生出配套服务和投融资业务，即以"空间"为主，"服务"

和"投资"为辅的业务模式。

该模式有两个特点：一是服务对象范畴广，"科技地产商"基本可以覆盖科技创新全过程的所有主体，原因也是显而易见的，在城镇化进程的趋势下，科技园区或商业写字楼是企业、机构办公的刚需，专业化的基础设施有利于快速汇聚各类创新主体，有助于加快综合性区域创新高地的建设进程；二是专业服务能力有待提升，要保持创新生态中各类创新主体的活跃与繁荣，应推动不同层次的各类创新主体之间的演进、交互和合作，但是"科技地产商"的科技服务能力相对较平均，较难满足各类创新主体在技术溢出过程中对创新要素的深度需求，集成服务的深度以及对创新要素的引导力度还有待进一步提升。

2.1.2 "孵化器"服务研究型创新生态建设

面对以高校科研团队和初创企业为主的"研究型创新生态"，"孵化器"是创新生态服务的主要表现形式，主要业务模式是为创业团队、初创企业提供空间、培训、路演、融资等孵化服务。

该模式也有两个特点：一是服务对象具有选择性，主要聚焦于创业团队和初创企业的孵化，服务对象一般止步于天使轮企业，所以孵化器的溢出范围一般局限于科研主体以及部分企业主体；二是服务能力较强，优质的孵化器企业会对服务对象提供以培训和各类资源对接为主的综合性、全方位孵化服务，国外案例表明，少数孵化器对于顶尖科研机构的科技成果转化还具有垄断性。

2.1.3 "创业金融（风投）"服务产业型创新生态

面对以各类企业为主的"产业型创新生态"，"创业金融（风投）服务"是创新生态服务的主要表现形式，主要业务模式以股权投资、债权投资、小额贷款等金融服务为主。

该模式的特点：一是服务对象范畴广，这并不难理解，毕竟处于任何发展阶段的企业都需要空间和资本的支持，不同的是，空间的建设往往会受到地域限制，而资本不会，所以一些规模较大的创业金融机构会有着国家级乃至世界级的影响力。二是服务能力较强，除了企业对于资本的刚性需求以外，创业金融机构还可以通过资本将不同的企业联系起来，通过供应链、创新链等方式推动企业之间的合作、并购和整合，通过打通从科研成果转化项目、初创企业再到领军企业的成长通道，推动创新生态的演进，自身也通过持有企业股权、期权、"母基金+跟投"等多种方式获取企业成长收益。

2.1.4　三类服务推动创新生态作用各有长短

我们发现，面对不同类型的创新生态发展，单独采取"科技地产""孵化器"或"创业金融（风投）"某一种服务，在一定程度上均具有显著的长板和短板。

我们认为，科技地产商相对擅长服务"综合型创新生态"，通过提供科技园区、商业写字楼等专业基础设施推动各类创新主体在属地聚集，但由于服务范畴受到局限，对科技创新的指向性不足，所以推进创新生态演化能力较弱。

孵化器企业相对擅长服务科研层面和规模以下企业为主的"研究型创新生态"，通过提供培训、资源对接和融资等孵化服务，推动科技成果转化的"第一公里"，尽管孵化器对服务对象有一定选择性，优质的孵化器往往服务能力较强，专业化程度高，长期贴身服务顶级科研机构，对服务对象的优质科研成果转化具有垄断权。

创业金融（风投）企业相对擅长服务以企业为核心的"产业型创新生态"，通过提供资本这一刚性要素推动各类企业持续开展创新活动，进一步实现经营发展，从而形成规模效应，该类型服务商服务能力强，服务范畴广，但由于不直接提供空间相关的服务而缺乏对创新主体的汇聚能力。

2.2 技术创新和技术溢出是集成服务模式的关键链条

作为创新生态的核心活动,科技成果转化承担着推动创新要素向产业要素转化的使命,一直是学界、业界、政界的热门话题。在经过漫长的理论和实践碰撞以后,各界对于基于高精尖技术创新演化规律的科技成果转化过程基本达成共识:广义上看,科技成果转化覆盖技术创新的全生命周期,包括原始创新、创新孵化和产业化三个主要阶段[①],包括中发展在内的专业科技服务商也基本沿着这一思路布局各自的业务体系,在实践中也被证明行之有效。应该说"原始创新(从0到1)—创新孵化(从1到10)—产业化(从10到N)"这一思路为原本较为抽象和离散的科技成果转化环节提供了一个好框架。但是这并不意味着该框架是尽善尽美的,我们认为,该框架需要进一步细化才能为科技成果转化实践提供参考和借鉴意义。

高精尖技术的科技成果转化范式是开展科技服务的依据和基础。结合科技成果转化相关研究,我们从技术创新和技术溢出两个维度出发,将科技成果转化过程整合为一个整体框架。结合理论逻辑研究发现,我们提出技术创新和溢出是创新生态中最重要的两种创新活动,作为非科研机构的企业在从事创新活动方面备受关注。学界首先对企业从事技术创新的动机给出了解释:熊彼特增长理论(Schumpeterian Growth Theory,1942)提出由创新和研发所带来的技术进步是推动经济增长的决定性因素,企业开展技术创新的根本动力是为了获取垄断利润,严成梁、龚六堂(2009)将上述观点概括为"企业垄断利润—研发支出—知识存量增加—技术创新—新产品—经济增长",他们认为基于产业层面来阐述技术创新与经济增长之间关系已经成为学者的一种共识。学界还进一步细化了技术创新及其影响,即垂直创新和水平创新,前者是通过研发实现产品质量提升,用高质量产品淘汰低质量产

[①] 狭义上看,科技成果转化指的是将技术市场化,实现其商业价值的过程。本部分主要围绕科技成果转化的广义内涵展开讨论。

品；后者则是通过研发实现技术专业化创新，增加相关产品的门类。

2.2.1 技术创新过程

技术创新过程有技术发明、技术创新和技术扩散三个阶段，基于熊彼特的观点，傅家骥（1998）认为技术创新过程包括发明（invention）、创新（innovation）和扩散（diffusion）三个阶段，技术发明是指通过系统的研究活动发明新概念、新设想，相关试验品也在此阶段诞生，是研究机构的科技行为；技术创新是指企业通过更新生产经营系统，将科技成果引入生产体系，从而推出新产品、新工艺，开拓新市场，并实现盈利，是市场主体的经济行为，"科技成果转化"多指这个阶段；技术扩散是指技术在企业间通过模仿、购买专利等方式，不断被采纳的现象，傅家骥（1998）认为，技术扩散是技术创新为社会提供生产力、创造经济效益的根本来源，还会进一步推动技术的二次创新过程，引发社会财富的持续增长，王铮等（2001）也提出广义的技术扩散体现为一个空间经济过程，在一定的资源禀赋条件下，会推动区域经济结构变化，其中最典型的一个现象就是区域中企业聚集和产业化。

2.2.2 技术溢出过程

我们提出，技术溢出有科研溢出、企业溢出和产业溢出三个层面。溢出本质上阐述的是技术传播过程中对利益相关者产生的外部性影响，经典研究提出技术溢出的机制有知识性溢出（knowledge spillover）、网络性溢出（network spillover）和市场性溢出（market spillover）。已经有研究证明，在我国产业间、企业间均存在显著的技术溢出效应，他们发现了一种新的溢出机制——相似性溢出，即技术创新的溢出更可能发生在相互关联的产业、企业之间。井润田等（2013）还发现了技术溢出发生在集团化企业内部时存在的复杂性。

2.2.3 服务需求及服务价值衍生于技术转移全过程

根据文献梳理结果，结合工作实际，我们提出了高精尖技术科技成果转化过程框架（见图 2-1）。我们认为，高精尖技术科技成果转化范式中有以下几个部分会对科技服务产生决定影响：一是范式中出现的主导创新主体，这决定了集成服务在该阶段的主要作用对象；二是范式中主导创新主体涉及的价值"投影"，这决定了开展科技服务在该阶段的价值内涵；三是范式中推动科技成果转化演进的"推力"（即图中的箭头），这取决于科技服务的"服务能力"；四是不同阶段科技成果转化的最终产物，这决定了开展科技服务的目标。

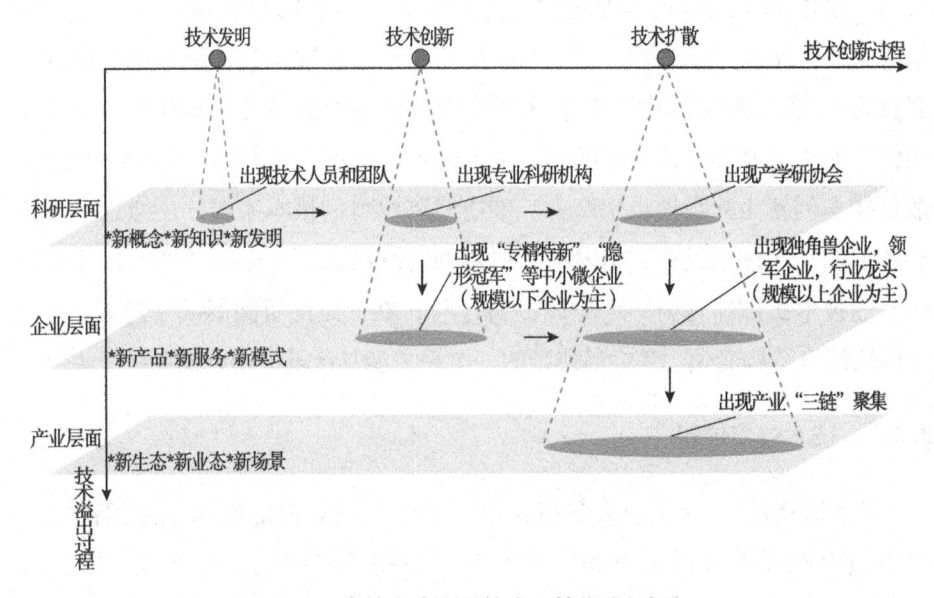

图 2-1 高精尖产业科技成果转化路径框架

我们从技术创新和技术扩散两个维度来阐述整个框架的一般演化规律。在科研层面，在技术发明阶段，首先出现的是专业技术人员和团队，随着市场专业化程度的不断加深，产品和设计的差异化需求不断加大，前沿科学技术不断拓展，技术发明无法停留在应用基础科学，而会从需求出发不断拓展前沿技术的边界，因此，企业、高校等创新主体也逐渐开设专门科研团队和部门并在技术创新阶段介入；在技术扩散阶段，将出现各类形式的产学研协会共同推动产业创新。应该说，上述过程的主要产出体现在"新概念""新知识"和"新发明",价值内涵以社会价值为主。

在企业层面,技术创新阶段体现在专业科研主体开始衍生出市场化主体,对科技成果开展市场化运作,在此阶段"专精特新中小企业""隐形冠军"等规模以下企业和双创主体开始出现,创新氛围活跃,"新产品""新服务""新模式"层出不穷;到了技术扩散阶段,规模以上企业开始出现或介入相关领域,我们所熟知的"独角兽"企业、领军企业、"专精特新小巨人"企业、行业龙头等主要在该阶段体现。需要注意的是,技术发明阶段的相关活动对企业层面并没有明显的溢出作用,也就是说该阶段蕴含的价值以社会价值为主。

仅在技术扩散阶段可以产生对产业层面的溢出效应,此时科技成果转化在叠加了之前阶段的溢出效应之后,其蕴含的经济价值和社会价值达到最大,实现了产业链、创新链、人才链的"三链融合",极大地推动在地产业发展,形成相关领域的创新高地,"新生态""新业态"和"新场景"层出不穷。所以,整体来看,沿着技术创新过程,随着技术发明、创新和扩散,科技成果转化的社会价值不断提升,沿着技术溢出过程,随着技术从科研机构溢出到企业再到产业,科技成果转化的经济价值不断提升。

2.3 "科技地产+孵化器+创业金融"三类集成服务模式

基于前述章节提到的三类科技服务,业内一些观点认为围绕创新主体需求提供"空间+投资+服务"的业务体系的科技服务企业就可以视为创新生态集成服务商,如美国纽约市经济发展公司(NYCEDC)、英国伦敦金丝雀码头集团(CWG),都是历史上比较具有代表性的创新生态集成服务商;在国内,包括中关村发展集团、深投控、深创投、张江集团、临港集团等在内的国资企业也都致力于扎根属地创新生态,为双创主体提供综合性的创业服务。

我们认为上述对于"集成服务"的定义还有可以完善的空间：我们提出，简单地用"空间+投资+服务"来定义创新生态集成服务的内涵不完全准确，因为目前来看市场上有很多不同类型的企业都在开展类似业务，当面临不同类型的创新生态或科技成果转化情景时，这种源自业务角度的宽泛定义对建立差异化服务平台的指导意义仍然有提升的空间。

接下来，我们将从创新生态中不同的科技成果转化情境入手，按照高精尖产业科技成果转化路径框架，结合中关村发展集团的实践，对集成服务组合推动科技成果转化的路径和价值内涵展开分析。

2.3.1 "科技地产"+"创业金融（风投）"集成服务加速科技成果产业化进程

服务科技成果产业化工作的核心是承接重大项目在区域落地，结合高精尖产业科技成果转化路径框架，我们发现，服务对象主要涉及两类创新主体，一是以领军企业或"独角兽"企业为代表的大型企业，服务目标是推动科技成果的大规模生产、制造和持续研发；二是以大学、大院、大所为代表的科研机构，服务目标是推动关键领域的"卡脖子"技术的产品研发和拓展其场景应用。

面对两种差异较大的创新主体，我们认为服务商可以采取"科技地产"+"风投"的集成服务模式。一方面，服务商应结合政府股权投资、园区土地供给和相关配套设施服务业等客观条件，引导和推进转制院所和海外引进的重大项目落地，并与政府合作，在确定产业园定位的基础上划定区域，由服务商帮助开发和引资。另一方面，服务商应以战略投资者的身份参与目标企业的改制重组和增资扩股，通过帮助设立规范的公司、股权激励、科技经费使用、高端人才引进、帮助选址及代建厂房等多种方式实现分类指导，调动科技骨干和经营层的积极性，促进院所高校推荐的各类重大科技成果、企业改制及国家级创新基地建设等项目实现在属地的转化和产业化。

中发展采用这种模式推动一大批重大项目在北京市快速落地。根据《中关村发展集团志（2010—2020）》统计，2010—2019年中发展累计服务重大项目落地北京265个，其中包括中芯国际二期、中芯北方、紫光集团等在内的集成电路领域的独角兽/领军企业，为中发展后续服务高精尖产业的主导方向奠定了基础，集成电路产业也成了北京高精尖产业的标志性领域，在全国产业布局中被称为"北设计、南制造"，是中发展服务高精尖产业历史上浓墨重彩的一笔。中发展参与的钢研纳克、深圳建科院等科研院所改制重大项目，陆续通过投资、培育、登陆资本市场等方式实现（部分）退出，也获得了超额收益回报。

从落地路径来看，服务重大项目落地的价值内涵较为丰富，一方面，涉及创新主体多，包括科研人员、科研机构、产学研联盟、独角兽/领军企业（规模以上企业）、产业链"三链"聚集，覆盖了整个技术创新过程；另一方面，涉及技术溢出层面广，作为产业化项目，在技术扩散阶段穿透了科研、企业和产业三层溢出，同时具备经济价值和社会价值。服务重大项目落地情境路径见图2-2。

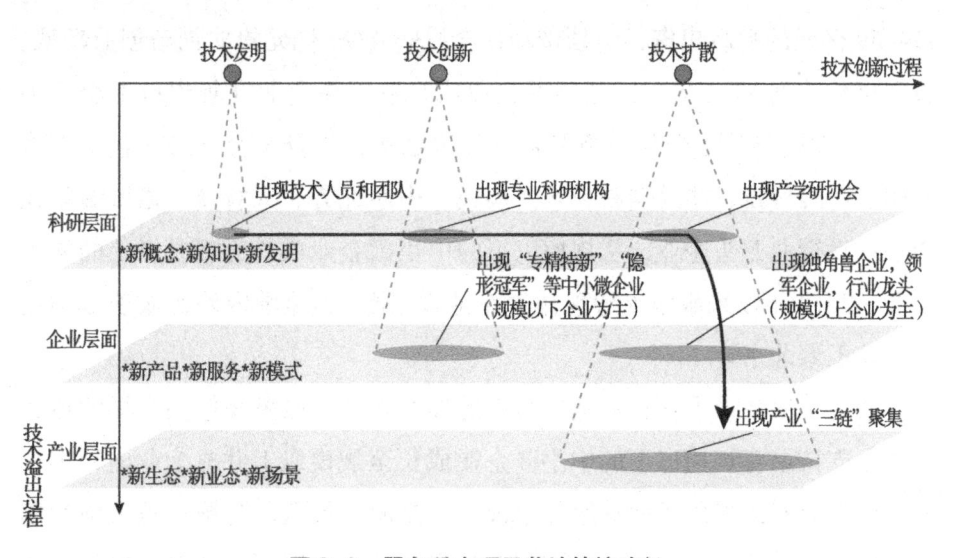

图2-2 服务重大项目落地情境路径

整体来说,"科技地产"+"风投"的集成服务模式通过空间纽带加资本纽带的方式,有效地推动了各类创新主体之间的互动和整体过程演进,在有效推动科技成果转化的同时可以为服务商带来经济效益、市场地位和品牌影响力。

2.3.2 "创业金融(风投)"+"孵化器"集成服务赋能科技成果创新孵化

服务科技成果创新孵化工作的核心是推动优化区域高精尖产业布局。构建高精尖产业结构是 2014 年习近平总书记视察北京、北京市提出建立全国科创中心背景下的重要落实举措。中发展作为北京市推动示范区发展的市场化配置资源主体平台,积极响应国家及北京市重大战略部署,提出通过集中投资集成电路、物联网、云计算、智能交通、北斗导航、移动互联网、生物医药等产业,推动形成大信息、大健康、大智造和大环保的产业集群。

从中发展服务高精尖产业布局的历程来看,服务对象主要涉及两类创新主体:一是中小微企业(规模以下企业为主)。中发展与创投机构、知名投资人和各类孵化器等密切合作,建立重要科技成果投资落地转化的培育机制,其中"百千万"工程就是最典型的举措。截至 2019 年,以 124.59 亿元的财政出资,引领带动社会投资 4773 亿元投向创新创业领域,放大倍数达到 38.3 倍。二是领军企业或行业龙头企业(规模以上企业为主)。中发展与关键产业的领军企业开展合作,投资培育支持了包括百济神州、达闼科技、兆易创新、紫光展锐、中芯北方、天智航、诺诚健华在内的一批行业龙头企业,从规模以下的中小微企业成长为规模以上的领军企业,2019 年以来服务支持独角兽企业 25 家,加速国内外优质项目和创新主体汇聚北京。

较之于服务重大项目落地情境中的领军企业,服务高精尖布局的最大难点是支持培育规模以下的中小微企业成长至规模以上并成为业内领军企业。中发展对此采用了两种服务手段。一是股权投资。与服务重大项目落地阶段不同的是,由于国企自有资金投资的法理性障碍,此时中发展开始通过设立基金系的方式来开展股权投资，即设立中关村创新母基金，与专业投资机构合作，再打造若干专业化产业基金，以股权为纽带，从全球全国发现、遴选、引导优质创新企业、高精尖产业项目和科技服务机构在北京落地生根。二是孵化服务。除了科技园区的孵化器以外，中发展还在海外板块运用"创新基金+创新中心"模式挖掘海外前沿项目，在创新资源富集的国家和地区开展离岸孵化，并与斯坦福大学等顶级高校合作设立美元（母）基金，开展项目挖掘投资工作。

从落地路径来看，我们发现服务商服务高精尖产业的业务布局一方面涉及整个技术创新过程，包括技术发明、技术创新和技术扩散，具备较高的社会价值；另一方面，该路径穿透了技术溢出的两个层面，包括科研层面和企业层面，具备较高的经济价值。我们认为，服务商在该情境下扮演的是"创业金融（风投）"和"孵化器"的角色。应该说，相对于服务重大项目落地，服务高精尖产业布局更加接近科技成果转化的创新源头，相关工作的社会价值更加凸显，尤其是在推动服务对象从规模以下企业向规模以上企业发展的阶段，服务商为了加速这一过程的发生，往往会将部分服务以普惠的方式提供给服务对象。服务高精尖产业布局情境路径分析见图2-3。

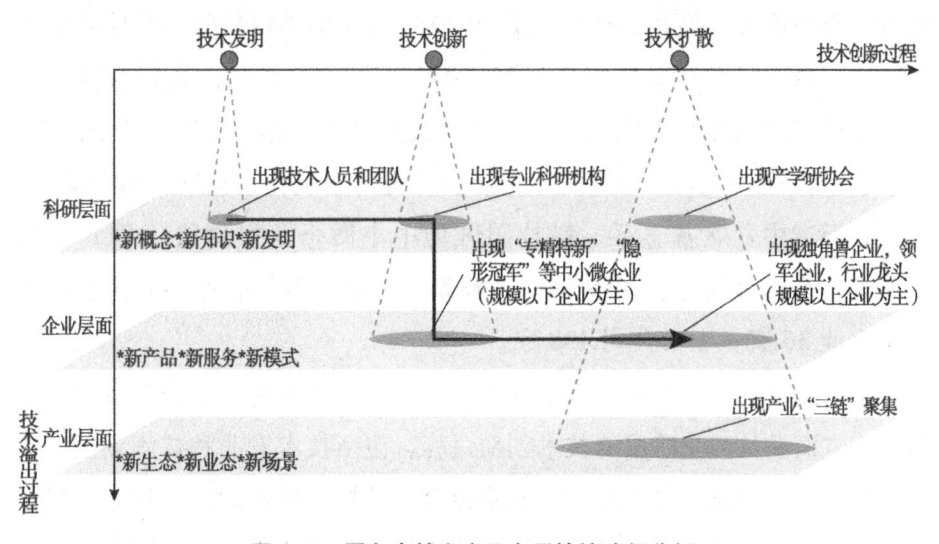

图2-3　服务高精尖产业布局情境路径分析

2.3.3 "科技地产商"+"孵化器"+"创业金融（风投）"集成服务推动科技成果原始创新

推动科技成果原始创新的核心是服务高精尖产业垂直细分领域。进入"十四五"时期以来，北京市进入全面打造国际科技创新中心的新征程。中发展按照十大高精尖产业布局，结合各区、中关村各分园细分产业定位，重点聚焦信息产业和生物医药产业两个"核爆点"，在垂直细分领域整合产业资源、打造产业生态。我们发现，中发展服务高精尖产业垂直细分领域主要涉及两类创新主体：一是高精尖产业细分赛道的中小微企业（规模以下企业为主），尤其是"专精特新""隐形冠军"等优质企业；二是以国家战略科技力量为代表的科研机构创业团队或初创企业。

在此情境下，中发展采取的服务策略是以孵化为主，配合股（债）权投资和科技园区的综合服务。相比于重大项目落地和高精尖产业布局这两个情景，垂直细分领域涉及的创新主体——中小微企业和创业团队，体量小、资金少、创新难度大、抗风险能力较弱，较之于其他创新主体更需要"集成"服务，尤其是以高端产业咨询、共性技术平台等为代表的专业科技服务。所以，中发展在2020年设立中关村科服，搭建圈层服务体系。做强关键性紧缺型科技服务平台；设立中关村产业研究院，提升产业研究咨询能力，设立金种子管家服务中心，建立金种子管家队伍，为双创主体提供一对一管家式服务，全面提升集成化、精准化服务能力。此外，通过中发展基金系、科技园区为中小微企业提供股（债）权投资、办公空间等服务，2019年以来服务"专精特新"企业940家、隐形冠军企业36家、上市公司498家。

投影到框架中，我们发现中发展服务高精尖产业垂直细分领域的业务布局一方面涉及两个阶段的技术创新过程，包括技术发明和技术创新，具备较高的社会价值；另一方面，该路径穿透了技术溢出的两个层面，包括科研层面和企业层面，具备较高的经济价值。我们认为，中发展在该情境下扮演的是"孵化器""创业金融(风投)"和"科技地产商"的综合角色。应该说,相对于前两个情景,服务高精尖产业垂直细分领域已经处于科技成果转化的创新源头,由于技术成熟度、市场化潜力等原因,此阶段的服务周期长、投入大、不确定性高,相比于其他阶段,对服务企业的商业模式和可持续发展能力提出了更高的要求。服务高精尖产业垂直细分领域情境路径分析见图2-4。

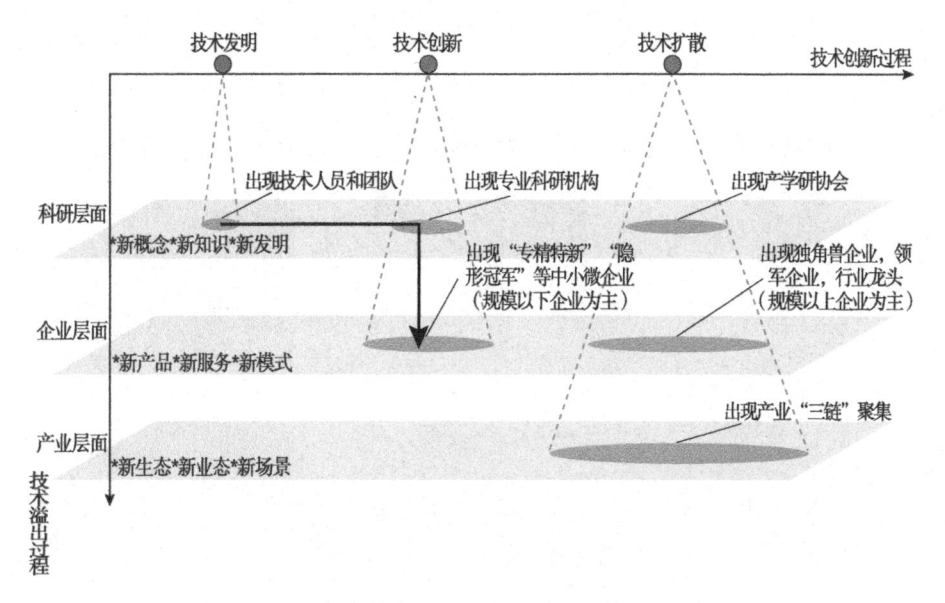

图2-4 服务高精尖产业垂直细分领域情境路径分析

中 篇

中关村发展集团"国有资本驱动科技创新"的集成服务之路

通过研究中关村发展集团打造国有创新生态集成服务商的历程，我们发现，作为市委市政府设立的服务中关村示范区的创新资源整合和工作统筹的市场化平台，中关村发展集团走出了一条"国有资本驱动科技创新"的中关村之路。我们认为，中发展在实践中形成了自身的"六个坚持"价值观和"五个招式"方法论，为其他区域践行创新驱动发展战略提供了一种"政府有为、市场有效"的新型举国体制新范式。

第三章
创业之始：在首都创新生态建设中做"政府想做不能做""市场不愿做、做不好"的事情

为了积极响应《国务院关于同意支持中关村科技园区建设国家自主创新示范区的批复》的号召，北京市委、市政府决定在2010年年初成立中关村发展集团，旨在进一步加强中关村示范区的资源整合和工作统筹，推动园区建设和产业发展。

中关村作为首都的高科技中心，拥有众多高校和科研院所的科技成果积淀，具备打造具有规模效应的科技成果转化和产业化体系的强大优势。大量科技成果将在属地实现转化，形成以初创科技型企业为主的创新创业主体集群。这些企业通过技术研发、孵化、转移、交易等市场化运行机制，推动了创新链和产业链的深度融合。他们将创新要素转化为生产要素，同时对传统生产模式进行改善，最终实现了以创新为主动力的经济社会发展新模式。

然而，在科技成果转化的"最初一公里"，问题变得尤为棘手。尽管政府出台了一系列政策来鼓励和支持科技成果转化，但由于科技成果转化的市场化属性，政府无法直接参与其中。此外，初创科技型企业的"高风险、长投入、收益不确定"特征也让大多数市场化主体望而却步，无法大规模介入相关工作的开展。因此，呈现出"政府想做不能做，市场不愿做、做不好"的局面。

此时，中关村发展集团以产业投资为主线、以园区发展为基础、以科

技金融为突破的全方位战略布局便显得尤为重要。作为一个平台，它在政府和市场之间架起了桥梁，实现了政府意图和市场行为的有机结合。通过打造全方位的服务平台和生态体系，中发展为科技成果转化和产业发展提供了强有力的支持。

3.1 以产业投资为主线，推进重大科技成果产业化

中发展作为政府支持重大科技成果产业化投资的平台，是北京市委、市政府促进国有资本对接科技资源的创新载体。以股权投资为主要方式推进重大科技成果产业化是中发展的一条工作主线，推动在示范区形成若干战略性新兴产业集群，发挥策源地作用，培育一批"十百千企业"和创新能力强的中小企业。基于此，中发展聚焦科技成果转化的关键要素和重点环节，探索运用市场化机制和手段，着力解决项目源头与市场对接不畅、成果转化率低的问题，推进战略性新兴产业集群发展和重大项目落地。

"十二五"期间的主要工作包括以下几个方面。

第一，建立产业项目挖掘新机制。聚焦大院大所大学，通过共设基金等方式，与30余个院所高校建立了市场化的项目合作关系，建立了7条项目培育通道。聚焦央企和军民融合项目，广泛开展项目对接，吸引重大项目和重要科技成果在京转化。聚焦国内外高端人才和高端项目，与创投机构、知名投资人和各类孵化器密切合作，深挖潜力大的项目。吸引全球十大创新药"癌症干细胞靶向药物"等一批项目在京落地。

第二，提升高端产业布局新能力。围绕首都和示范区重大产业布局，通过深度参与立项论证、协助工商注册和合作引进、代持代建等方式，积极支持了中芯国际二期、清华紫光收购锐迪科、纳米能源所、中俄直升机等北京市重大产业项目，加快协调实施双环铂、瑞健高科、碳化硅、石墨烯薄膜等一批有影响力项目，中发展投资服务和运作能力逐步提高。

第三，探索国有资本投资新方式。根据企业需求和国有资本特点，不

断创新投资方式，逐步形成股权投资、附认股权的债权投资、知识产权共享等多种投资方式组合。引领和带动社会资本"跟投联投"，如联合宽带资本等7家投资机构组成"资本群"，投资云计算产业。组织银行、担保、租赁等机构实行"跟贷""跟保""跟租"，形成"投保贷租"一体化。遴选物联网、智能交通、北斗导航、移动互联网等重点领域高成长企业，进行覆盖产业链的"集群投资"，培育具有技术主导权的产业集群。

第四，培育企业创新主体新优势。在企业选择上，突出技术先进、创新能力强的企业重点扶持，思比科、兆易创新等获得中发展投资后收入增长4~5倍，天智航公司研发的骨科导航机器人属国内首创。科研合作上，以市场为纽带，引导企业与行业一致、技术领先、研发实力强的科研院所建立"一企一院"技术联盟。服务效能上，提供企业注册、治理结构优化、申请补贴、上市辅导等，帮助太空板业等一批公司成功上市，东方通等公司进入创业板IPO，中搜网络等顺利进入新三板挂牌。任务目标上，伟嘉人、和利时、神州泰岳3个政府统筹资金项目首批顺利退出，实现政府资金可放大、可循环。

3.2 以园区发展为基础，强化高精尖产业聚集效应

为改善示范区各分园开发建设力量"多、小、散"局面，破解园区规划建设目标分散、产业规划难以落实、产业聚集效应不突出、载体建设融资困难等问题，按照市委、市政府部署安排，中发展通过持股区级园区开发平台公司，成为市区联动推进园区开发建设的主平台，累计完成园区建设投资超400亿元，着力解决园区产业同质、竞争无序、高端项目不足、重大项目承载能力不强等难题，推动园区高端化、差异化、协同化发展。

"十二五"期间的主要工作包括以下几个方面。

第一，担当园区开发建设主力军。采取规划指导、融资服务、直接投资、项目落地等方式，协调支持各园区子公司积极承担区县园区开发建设

任务，重点推进了海淀北部、昌平东园和TBD、丰台园东区和西Ⅰ期、朝阳电子城北区和西区、石景山京石科园北Ⅰ区、通州金桥基地和光机电一体化产业基地等园区建设，提升园区产业承载能力和对区县经济贡献度。

第二，担当示范区扩区发展驱动器。主动与相关区县对接，研究了带项目、带资金参与新扩园区建设方案，提出了扩区发展的开发模式、项目标准、规划理念，实现项目落地、园区建设和区域发展有机结合。目前，中发展对接了怀柔、平谷、顺义、密云等新扩园区，与延庆、房山正式签订合作框架协议，延庆项目前期规划、投融资测算和合作模式基本确定，合作项目公司挂牌运营。

第三，担当特色产业基地建设领跑者。根据示范区整体产业布局，在南北产业带和中关村科学城，推动了一批特色产业基地的规划建设，集聚一大批国家级产业化示范基地项目、市级企业技术中心、上市公司和"海聚""高聚"人才。经过多年建设，中关村软件园和生命科学园已经成为中关村示范区的品牌和标志。大兴高端医疗器械产业园成功实现土地摘牌；生命园三期完成公司设立和核心团队组建，控规编制等前期工作积极推进；国防科技园已完成主体结构封顶；国家集成电路产业园积极进行各项前期研究，中关村壹号项目定位和前期工作加快推进。

第四，担当京津冀区域合作探路人。中发展充分发挥自身优势，坚持市场化运作方式，以打造创新创业社区为核心，以开展特色园区规划为抓手，灵活采用规划指导、产业基金、项目代建、产业服务等方式，积极推进了与天津宝坻、辽宁东戴河等区域合作，下出京津冀一体化发展先手棋，有力推动国家区域合作战略的落实。中发展还牵头推动发行规模30亿元的中关村区域合作母基金，采取"1+N"母子基金模式，为跨区域合作产业化项目和园区平台建设项目提供融资支持。

3.3 以科技金融为突破，破解科技型中小企业融资难问题

科技型中小企业是中关村技术研发创新的最活跃主体。由于其轻资

产、缺乏抵押物，融资难问题尤为突出。中关村发展集团以解决其融资问题为突破口，通过打造示范区统一的科技金融服务平台，与金融机构、准金融机构、投资及中介机构广泛合作，推出一系列示范区创新型企业需要的金融工具和创新产品，建立并完善政府资金与社会资金、产业资本与金融资本、直接融资与间接融资有机结合的科技金融服务体系，有力支撑中关村国家科技金融创新中心建设。

"十二五"期间的主要工作包括以下几个方面。

第一，打造"百千万"科技金融服务平台。以百亿政府资金为引导，立足市场机制创新培育具备资金融通放大功能的科技金融服务机构、产品和项目，吸纳带动千亿社会资本聚集示范区战略性新兴产业，形成万亿产出效能与创新服务能力。截至2014年，中关村发展集团与人保集团共同发起设立中关村园区发展基金100亿元；300亿元的集成电路产业基金筹备顺利；短期融资券、中期票据完成注册85亿元；加快论证和实施中关村REITS、天使和创投母基金、统贷平台、园区公共设施建设基金，推动注册发行10亿~15亿元的企业债。

第二，构建"投保贷租知"一体化服务体系。中关村发展集团经过近几年的探索实践，形成了创业投资、科技担保、小额贷款、科技租赁、知识产权运营管理等多元化科技金融服务体系。围绕项目源头、不同阶段、行业领域三大维度，吸引社会资本共同构建"中关村基金系"，参与设立了33只创投基金、9只天使基金，总规模超过1亿元。担保公司累计担保规模突破1000亿元，科技型中小微企业客户超过70%，综合经营指标居全国前列。中关村小贷公司累计贷款超过88亿元。成立了全国首家国有知识产权商用化公司和北京市首家科技租赁公司，科技租赁公司成立一年半以来，共支持科技项目72个，租赁投放14.12亿元，科技金融服务初步覆盖科技型企业成长全过程和产业发展全链条。

第三，发挥财政资金和平台资金双重放大作用。充分利用金融工具优势，有效提升财政资金的放大作用，担保公司、基金的放大倍数分别达到

10倍、13.5倍。积极开展资本运营，提升中发展融资平台的资金放大功能，通过与银行合作，获得国家开发银行等六家银行授信600亿元，北京银行给予信用贷款25亿元，中国建设银行批准担保项目综合授信105亿元，交通银行提供5亿元信托资金，成功发行国内第一只人才公租房私募债，总规模40亿元，首期发行9亿元，为中发展自身发展和服务中小企业发展提供了金融支撑。

第四章
茁壮成长：以创新创业主体为中心，与创新创业主体共成长

历经"十二五"时期的辛勤创业，中关村发展集团已成为北京市推动中关村示范区创新资源配置的主要市场化平台。"十三五"以来，站在新的历史起点上，中发展肩负着实施创新驱动发展战略、推动中关村示范区发展、建设全国科技创新中心、支持科技强国建设的重大任务。

国内外经验表明，大规模、成体系的科技成果转化工作需要有清晰、稳定的价值创造模式作为支撑。这并不容易，一方面，由于科技成果转化的统筹难度大，其价值创造过程往往耗时久、风险高且涉及众多利益相关者；另一方面，原始创新、创新孵化和产业化等关键转化环节的价值导向和投入产出模式的较大差异，使得工作衔接的成本较高。这在一定程度上导致了科技服务领域的行业企业多为专注于特定科技细分领域或转化环节的"小而美"企业，而全能的综合性服务集团较少出现。这无疑增加了形成规模化科技成果转化的难度，也是科技企业在寻求创新要素支持时面临"贵、慢、难"困境的一个重要原因。作为一个市场化的创新资源整合平台，中发展从自身核心功能出发，经过多年实践，成功探索出一套"不与市场争利，与双创主体共成长"的核心竞争力。通过为双创主体提供普及性的创新要素服务，中发展实现对其未来拥有的潜在生产要素溢价的兑换。这种兑换的差价便是中发展的核心商业模式。

在此背景下，中关村发展集团在多元化、集团化发展方面取得了显著

的成就。做大科技金融服务，创新科技金融服务方式，布局设立中国科技融资租赁"第一股"；做强科技园区产业组织运营，"一园、一基金、一平台"布局集成电路设计产业；做深区域合作业务，"一司、一金、一谷"辐射京外打造类中关村生态；做实国际科创服务，"创新中心+创新基金"布局海外协同创新网络。这些举措有效地完善了中发展的业务体系，进一步提升了中发展对科技成果转化的市场化支撑能力。

4.1 做大科技金融服务，布局设立中国科技融资租赁"第一股"

科技金融板块一直是中发展业务的重要组成部分。2011年，根据北京市政府要求，中关村科技创业金融服务集团纳入中关村发展集团，中关村担保、中关村创投、中关村小贷、中金小贷成为中发展科技金融板块重要组成部分。中关村担保和中关村小贷纳入中发展体系之后，中发展先后给予增资，使其资本实力不断增强。中关村科技租赁则是中发展成立以后金融板块的增量业务，于2013年1月正式获批为全国第十批内资融资租赁业务试点企业之一。

2013年2月，市领导到中关村发展集团调研，提出要打造"百千万"平台。"百千万"平台，是以加快国家科技金融创新中心建设为目标，用3年左右时间，北京市政府集中安排100亿元左右平台建设专项资金，通过政策创新、机构创设及产品创新，培育一批具有资金融通放大功能的科技金融服务机构、产品和项目，吸纳带动千亿社会资本，聚集中关村国家自主创新示范区战略性新兴产业，形成万亿元新增产值。对中发展及其科技金融板块子公司来说，工作的核心难点是如何运用各种金融手段将"百"放大到"千"到"万"。充分发挥资金的杠杆效应，中关村租赁所创新的科技融资租赁模式至今仍被业内所称道。

4.1.1 打造独特视角，突破融资瓶颈

中关村科技租赁从无到有，从找股东找团队，到探索业务模式，是从

零开始的,其过程可谓充满了艰辛和挑战。破解科技和新经济企业四大融资瓶颈,保障中发展的债项安全性,助力客户成长是当时较大的业务难点。为此,中发展积极提升市场应变能力,运用融资与融智双维的服务方式,攻坚克难,大力创新,公司发展不断迈上新台阶。

"十三五"期间的主要工作包括以下几个方面。

第一,突破业务模式和策略瓶颈。科技和新经济企业行业新、运营时间短。企业业务发展模式以及扩张策略的不确定性,极大增加了债权机构面临的信用风险。中发展通过业务、评审专业化,即分行业配备业务经理、评审经理、评审委员,有助于评审潜在客户的业务模式和扩张策略的合理性和可行性。同时,通过对潜在客户所在行业政策支持力度、发展规划合理性、市场发展阶段、实际控制人运营能力多维度分析,规避潜在客户业务模式和策略带来的风险。

第二,突破财务表现瓶颈。绝大多数科技和新经济企业在其产品和服务成功商业化之前盈利能力有限,且常常暂时无法取得令人满意的财务表现。公司不良的财务表现,可能导致偿债能力、现金流出现问题,从而给债权机构带来信用风险。为此,中发展践行了以投行眼光看项目的理念。一方面,基于这类公司在财务表现稳定性和财务指标可靠性方面存在的问题,弱化对潜在客户过往财务表现的要求,项目立项不设硬性财务指标,主体信用评级仅评估规模类、成长类、运营能力、盈利能力、偿债能力、流动性水平等主要指标。另一方面,加强对潜在客户的成长性评价,能够从财务表现一般的潜在客户中选择具备高成长性的优质客户。

第三,突破轻资产结构瓶颈。许多科技和新经济企业通常拥有轻资产结构,主要包括无形资产,如专利、版权和其他知识产权。无形资产难以评估、难以处置,可能导致项目出险后债权机构债权保障能力下降。中发展在坚持有形租赁物的前提下,支持潜在客户轻资产运营。对轻资产型潜在客户,中发展通过多年项目经验积累,寻找无形资产附着的合规、可靠的租赁物。进一步,将从技术来源、技术水平评价、技术人员荣誉、研发投入占比、品牌知名度等多个维度，评估无形资产对客户成长的价值。

第四，突破专业化租赁物瓶颈。科技和新经济企业的融资租赁涉及的租赁物往往具有高度专业化属性。由于租赁物的专业化性质和出售渠道狭窄，项目出险时，债权机构处置租赁物困难重重，租赁物的债权保障能力低。经过多年专注于服务科技和新经济公司的积累，中发展在租赁物评估和处置时都具备优势。评估优势依托于在实践基础上形成的租赁物分级分类标准，从保值性、流通性、可控性、主营业务关联度等维度，将租赁物分为项目类资产、流通设备和适格资产三类。处置优势依托于集群化的项目开发，中发展能够在产业链上下游迅速找到买家，以合理价格处置租赁物，并可在违约时尽量减少损失。

4.1.2 锐意创新进取，破解发展难题

成立之初，中关村科技租赁并不被所有人看好。有一种疑问是，市场上已经有那么多租赁公司，为什么还要成立租赁公司呢？还有一种担心，认为成立一家主要为科技企业服务的租赁公司，此前没有可以借鉴的经验，这一模式在商业上是否可持续是个问题。

正是因为上述的各种质疑和担心，租赁公司从一起步组建就面临很大的挑战——找股东特别不容易。好在不久后在北京市委领导的鼎力支持下，中发展坚定了先行先试的信念，对科技租赁的商业模式进行了大胆的创新，开创了融资租赁行业发展新方向，即通过"租赁+投资"的方式，分享科技和新经济企业成长的成果，实现了双方的最大价值。利用较高的投资收益来对冲科技和新经济企业的高风险，化解了成本收益之间的矛盾，解决了企业创业期的融资难题。

除了商业模式创新之外，中发展还分别从租赁产品、风控模式、服务体系等多个方面开展了创新。

第一，创新租赁产品，满足了客户差异化需求。在传统直接租赁和售后回租的基础上，为客户量身定制融资解决方案和个性化服务，满足客户在融资、产品促销、业务模式优化等多方面需要，很好地解决了科技和新经济企业多样化、个性化的融资需求。

第二，创新风控模式，降低了科技和新经济企业融资门槛。针对科技和新经济企业三高一轻的特点，创新性地提出了"弱担保、强数据、重成长"的风控新理念，以专业视角分析行业、以金融科技的工具创新了客户评价新方法，降低了融资门槛，支持了大量不被传统金融机构接受的科技和新经济企业。为把好高质量客户这一道屏障，中发展先后开发了面向科技和新经济公司的主体评级模型和债项评级模型。在五大产业领域积极构建大、中、小客户梯队，通过行业整合、并购等形式化解风险；经过持续优化完善，已搭建集组织保障、制度保障、团队建设、激励机制、服务支撑于一体的全方位多层次的风险管理体系。

第三，创新"租赁+增值服务"的服务体系，助力客户发展壮大。中发展深刻认识到为客户提供优质且全面的产业增值服务，是加强自身成长且与客户开拓合作的关键所在，在为企业提供金融服务的同时，发挥自身的知识经验和团队优势，为客户提供多样化增值服务。同时成立了科技租赁商学院，面向服务的优质客户搭建集内容学习、经验交流、跨界合作于一体的平台，让公司与优质客户深度连接，形成一个互连、互生的生态体系，通过分享合作、产业战略投资、优质资源协同，实现双赢乃至多赢。政策咨询让企业及时且充分地享受政策红利，为企业争取政府政策和资金支持，公司协助480余家客户获取贴息超过1.13亿元，有效降低了企业的融资成本。

事实证明，通过满足科技和新经济公司于不同发展阶段的金融服务需求，中关村科技租赁发展成为国内行业领先的科创服务者——作为全国首家科技租赁公司，成功探索科技租赁业务模式，开业当年就实现盈利，首家开展创投租赁业务，成立两年即被中国社科院金融所等权威机构评为"年度最佳融资租赁公司"，成立七年后成功登陆港股主板市场，成为全球首家IPO科技租赁公司，被业内称为"中国科技租赁第一股"。

4.2 做强园区产业组织运营,"一园、一基金、一平台"布局集成电路设计产业

"十二五"中期以来,中发展始终坚持围绕项目创新源头、企业不同成长阶段以及"高精尖"战略性新兴产业三个维度打造基金系,结合政府引导资金和自有资金直接投资,形成支持园区创新创业企业的股权融资服务体系。2014年,全国掀起"双创"热潮,中发展新设基金显著增长,新设基金22只,参设基金共计60只,行业覆盖中关村"一区十六园"的重点产业。在众多的基金中,一个典型案例是集成电路基金。同年,为进一步落实《国家新兴战略产业发展规划》,培育集成电路产业全产业链条,加快推进集成电路产业整体升级,设立了北京集成电路产业发展股权投资基金,采用母子基金(1+N)模式,对集成电路行业中的一批骨干企业、重大项目和创新实体进行投资,打造中国集成电路产业的北部增长极。这是全国首只集成电路股权投资基金,是由政府引导,市场化运作,通过重点扶持若干骨干企业,带动上下游产业链,从设计、制造到封装、测试,围绕整个产业链进行总体布局和投资。

从基金开始,中发展围绕集成电路领域逐步形成了一套完整的产业组织运营体系,包括一个集成电路设计园,一只集成电路母基金,一个集成电路的服务平台——芯园公司。

4.2.1 "一园":中关村集成电路设计园

中关村集成电路设计园是集团成立后自主开发运营的新一代科技园区,也是国内首家以集成电路设计为产业方向的专业特色园区,在园区产业定位、项目规划、成本管理、经济效益、运营服务、资源聚集等方面均具有代表性和示范性。2015年1月,中发展为落实市政府"北设计、南制造"集成电路产业布局,经与海淀区政府协商,通过土地二级市场摘得

"中关村壹号"南区地块建设中关村集成电路设计园。园区占地 6 万平方米，总建筑规模 22 万平方米，总投资近 50 亿元，建成后可容纳 150 家企业入驻办公，年产值 300 亿元，约占当年全国 IC 设计业的 10%，成为北京市北部高新技术产业带和前沿科创发展轴的重要组成部分，使海淀北部以原创硬科技为产业特征的主形象得到进一步确立，是中关村示范区建设历史上浓墨重彩的一笔。

4.2.2 "一基金"：北京集成电路母基金

北京集成电路母基金是北京首只、国家首个集成电路产业基金，由中发展和盛世宏明基金公司共同出资成立，包含设立制造和装备、设计与封测、尖端芯片、制造和装备二期等 4 只子基金，形成了包含集成电路从设计到制造等关键环节、涵盖早期到后期的全生命周期的完善的投资手段。截至"十三五"末，集成电路母基金出资约 50 亿元，通过子基金完成投资项目 27 个，撬动社会投资规模超过 430 亿元，实现政府资金有效放大，充分发挥政府资金的引导作用，支持了集成电路领域诸如中芯北方、兆易创新、安集微电子、集创北方、朝歌数码等众多优质项目。通过市场化退出等机制，这些项目也带来了可观的经济收益，在保证投资效率和放大政府资金的同时也体现出基金带动全产业链协同发展的优良效应，扩大了中发展在集成电路产业的影响力。

4.2.3 "一平台"：中关村芯园

中关村芯园是中发展以"轻资产+混合所有制"的创新体制机制组建的，在体系内首家专业从事共性技术服务等科技服务业务的子公司，深耕于集成电路设计产业领域。其前身是集成电路设计园公共技术服务平台，该平台经过十多年的运营发展，已成为北京市集成电路设计业的重要服务窗口。中关村芯园延续原有平台的产业服务功能、相关资质以及客户群体，立足于服务集成电路设计产业，进一步创新和提升平台服务体系，汇聚集成电路产业链条全程服务资源；以降低企业研发成本和技术使用门槛为切入点，广泛开展对集成电路设计企业的技术服务，通过高质量服务促进产品研发，提升企业竞争力。例如，为领域内中小企业提供共性技术支持，解决芯片在工程试制和小批量生产阶段的工艺应用问题；还依托中发展体系丰富的服务资源为中小企业打通销售渠道，为其后续产品的研发及销售奠定了坚实的基础；培育了一批业界知名上市公司和领军企业。作为京津冀地区重要的集成电路设计国家级公共技术服务平台，中关村芯园取得了良好的社会影响和经济效益，得到社会各界的支持和认可。

4.3 做深区域合作业务，"一司、一金、一谷"辐射京外打造类中关村生态

2013年下半年的区域合作需求可以用如火如荼来形容。彼时中关村管委会已与多达数十家地方政府签署合作协议，江苏中关村、河南中关村、浙江中关村呼之欲出；辽宁东戴河、天津宝坻区、河北保定市频频到访。当年9月30日，十八届中共中央政治局第九次集体学习来到了中关村，习近平总书记明确要求中关村"为在全国实施创新驱动发展战略更好发挥示范引领作用"，2014年2月，党中央正式将京津冀协同发展作为一个重大国家战略提出，中关村的区域合作形势迎来重要机遇。

实践中发现，中关村示范区和合作区域围绕创新驱动发展均有强烈的合作需求，蕴含着广阔的市场机会。从区域合作方来看，与中关村的合作一方面可以通过引入高科技企业落地、吸引产业资本开展投资，带动属地高新技术产业发展，推动属地经济转型升级；另一方面和当地合作打造中关村"字号"服务平台，引入创新要素和相关主体入驻，争取国家、地方的政策支持。从中关村来看，一方面是响应国家自主创新战略，发挥示范引领作用；另一方面则是进一步整合科创资源，扩大中关村在科创领域的影响力，更好地服务于北京科技创新中心建设。

作为服务中关村示范区的主平台,中发展以敏锐的洞察力抓住时机,迅速成立专业子公司,以"中关村"品牌为牵引,依托于多年的园区开发运营经验和产业组织运营能力,结合中发展其他板块业务支撑,深耕合作区域,以市场化的方式实现创新驱动目标下的合作共赢。

4.3.1 "一司":中关村协同发展投资有限公司

中关村协同发展投资有限公司是中发展与招商局、中交建两家央企联合设立的区域合作平台公司。京津中关村科技城项目是它的首战之地,项目紧邻天津宝坻城区,总面积为14.5平方千米,也是京津两市重点合作平台。这也是中关村第一次大规模运营外埠重资产项目,对中发展体系都是重大考验。对此,中发展全方位、系统性地开展了统筹谋划,创造性地提出了"六位一体规划体系",旨在从人口、生态、产业、空间等多重角度开展统筹规划,充分满足当下的建设运营需求和长期的投入产出目标。

"六位一体规划"体系是中关村近40年来建设运营产业园区的经验结晶,是中关村作为我国战略性新兴产业策源地在规划体系方面的重要成果,为我国在产业园区、新城/新区乃至城乡规划领域规划体系实践提供了重要借鉴。站在京津合作的高起点,运用"六位一体规划"工具箱,京津中关村科技城"高举高打",从项目建设运营伊始就驶上了"快车道",不仅可创造可观的经济效益,还将带来显著的社会效益。京津中关村科技城于2018年10月列入京津两市重点合作平台,于2020年11月被天津市人民政府单独批复设立天津市级园区,并纳入滨海国家级高新技术产业开发区扩容区和天津市服务扩大开放示范区,入选中国科协"科创中国·创新创业孵化类创新基地",成为京津冀协同发展的新引擎。

📎 **信息拓展**

"六位一体规划",是区域合作顶层设计的一套工具,具体包括产业规划、人口规划、生态规划、空间规划、投入产出及投融资规划和开发模式规划。

其中，产业规划是园区发展的基础，包括区域经济现状和资源发展潜力、政府产业发展意图和愿望、合适的产业定位、产业组织和培育的实施方法以及与之相适应的产业政策建议。

人口规划（全称为"产业人口规划"）是核心，包括发展预定产业需要的产业人口素质、产业人口现状和增量的来源、产业人口的生产生活方式对园区配套及软硬件环境的需求以及区域对人才吸引力的策略建议。人口规划可以反作用于产业定位。

生态规划是红线，包括区域生态本底分析、限定产业发展目录、低冲击开发策略、低碳绿色园区开发以及园区的生态指标体系等。它是产业发展和开发的限定红线，可以反作用于产业定位，并直接指导空间规划。

空间规划是前置规划成果的法定和固化，包括区域上位规划分析和调整建议、目标地块总体规划、控制性详细规划以及后续可延伸的诸如城市设计、市政专项、水系景观等系列专项规划。它是产业、人口和生态规划的落地成果，也是通过政府审批的法定化表现，它可以反作用于前述规划，并直接影响后面的投入产出规划和开发模式规划。

投入产出及投融资规划是经济可行性的根本。投入产出是指目标项目政府层面的整体投入和产出计算和投资机会分析，给政府算一笔账；投融资是指项目"操盘方"企业法人本身的投融资合理性和机会分析，给"开发商"算一笔账。此规划直接反作用于空间规划，间接作用于产业、人口和生态规划，经济上的可行是项目的根本。

开发模式规划是方法论的总成，其归纳、吸收、耦合前面五个规划全部成果，在与政府合作条件、项目建设次序、产业组织进度和策略、投资强度安排等各个方面，提出整体思路，并以"与政府合作边界权责""任务清单""项目清单""大盘方案""三年行动计划"等一系列形式，完成实操项目的顶层设计工作。

4.3.2 "一金"：中关村协同创新基金

2015年12月，中发展联合9省市15家地方政府共同设立了中关村协同创新母基金，由中关村协同创新投资基金公司履行母基金管理人职责。这是国内首只以京津冀为重点、合作区域最多的中关村协同创新投资基金，合作区域跨越大江南北，从"京津冀"到"一带一路"，再到"大湾区"，从组织形式到运作模式，从服务对象到管理理念，在当时都是具有创新性的前沿实践。基金采用了"1+1+N"的运作模式，即设立1只母基金，在北京设立1个子基金系，在N个合作区域设立N只区域合作子基金。母基金通过吸收政府资金、引导社会资本参与等多种方式，依托子基金发挥中关村辐射带动作用，放大政府资金使用效能，服务北京和合作区域的科技创新、科技金融、产业升级等协同发展。代表性投资案例有博奇环保、品驰医疗、汉天下、忆芯科技、齐碳科技等。

4.3.3 "一谷"：中关村信息谷公司

2014年11月，中关村信息谷资产管理公司（以下简称信息谷公司）成立。信息谷公司代表中发展在北京以外成立落地公司开展区域合作，通过"轻资产运营为核心，园区发展和科技金融为两翼，线上服务为牵引"的市场化模式服务属地创新发展，经过近十年的经营发展，逐步建立了一个以北京为中心，横跨18个省、自治区、直辖市，38个合作城市作为节点的国内协同创新网络体系。

截至2023年年初，中关村信息谷公司托管运营的载体面积已经超过250万平方米，服务各类创新主体企业超过17000家，项目聚集了蚂蚁金融、阿里巴巴、甲骨文、谷歌、华为、联想、滴滴出行、国家电网等一大批国际国内优质创新企业，全国运营项目累计实现产值超1400亿元、累计实现税收55亿元，拥有国家级高新技术企业、国家级科技企业孵化器、国家级科技型中小企业等多项资质荣誉。2017年4月20日，习近平总书记视察信息谷公司运营的南宁·中关村创新示范基地时指出：开展区域合作和经济技术合作，重在互利双赢；创新和创业相连一体、共生共存；建设创新示范基地，要遵循创新发展规律，以高效的政府服务、有机的产业配套、先进的技术支撑，构建富有吸引力的创新生态系统，让适宜的种子在适宜的环境中开花结果。

4.4 做实国际科创服务，"创新中心+创新基金"布局海外协同创新网络

随着科技资源跨国流动、创新要素全球配置，创新创业活动已经不再局限于一国之内。对标美国硅谷等全球创新高地，中关村迫切需要以全球视野整合创新资源，实现由跟跑向并跑、领跑转变。在此契机下，中发展也主动融入全球创新网络，抢先向创新资源富集的国家和地区开展业务布局，通过帮助国内外科技型企业"引进来"和"走出去"，加快提升中关村示范区的国际化水平。

4.4.1 从创新中心出发铺设海外网络节点

中发展自成立伊始就参与中关村管委会设在海外的联络处的运营管理，先后受托管理设在美国硅谷、美国华盛顿、日本东京、加拿大多伦多、英国伦敦、澳大利亚悉尼、芬兰赫尔辛基、德国慕尼黑、德国海德堡等9家海外联络处。在此基础上，中发展在美国、加拿大、德国、以色列等地先后设立全球创新网络节点，吸引海外前沿技术和团队入孵化，为中关村企业拓展国际化道路、参与全球科技创新提供支撑。2018年，中发展设立中关村国际（香港）公司，搭建国际合作服务平台，统筹中发展海外资源和海外创新网络节点布局，开展跨境金融和跨境创新服务业务，逐步形成"海外业务子集团+国内承接子平台"管理模式，协助北京君正、赛微电子等集成电路头部企业实施海外并购，为北控集团、北京城建等市

属国企海外上市提供跨境金融服务，陆续服务引入GRAPHCORE（拟未科技）、NEST. BIO LABS（巢生实验室）等优质海外项目及专业服务机构落地北京。2020年，中发展面向全球发行的3亿美元高级无抵押债券，总认购量逾25亿美元，发行认购倍数逾8倍，票息利率创下2019年下半年以来地方国企海外发债的最低纪录。2019年惠誉评级给予集团类主权A级评价，2020年、2022年惠誉评级给予中发展长期外币和本币发行人违约评级A级评价。

4.4.2 从创新基金着手构建海外商业模式

随着海外业务的开展，中发展逐步探索通过设立海外基金的方式，推动创新资源的全球配置，并通过市场化退出等方式持续提升海外业务的可持续发展能力，完善商业模式。

丹华基金是中发展与丹华资本合作设立的第一个海外美元基金，于2016年设立丹华Ⅰ期，2018年设立丹华Ⅱ期，聚焦于大数据、元宇宙、区块链、生物医药等前沿科技领域，投资了Beam Therapeutics，MoneyLion，AutoX，FTX Trading，Cobo，CertiK，PathAI，Rippling等200余家公司，在国际资本市场有着较大的影响力。

2018年，中发展联合盛景嘉成成立中关村盛景母基金，瞄准硅谷地区的顶尖科创基金开展投资，2022年参投盛景母基金Ⅳ期并增加项目直投。目前已投资了Menlo Ventures，Lightspeed Ventures，A16Z，Accel，KPCB等20只基金，覆盖项目超过200个。

中发展还参设了Fuel Ventures、之路基金、龙磐基金等海外基金，围绕半导体、新材料、互联网等前沿技术领域开展投资，孵化了包括达闼科技、Flexiv Robotics在内的重点项目。

第五章
风华正茂：打造全周期、一站式、管家式的"4+2"集成服务体系

"十四五"以来，北京市加快落实"四个中心"首都城市战略定位，建设国际科技创新中心，在减量发展下坚持走依靠创新驱动的内涵型增长路子，大力推进以科技创新为核心的全面创新，率先探索构建新发展格局的有效路径，《北京市"十四五"时期国际科技创新中心建设规划》《"十四五"时期中关村国家自主创新示范区发展建设规划》等系列文件陆续出台，为北京国际科技创新中心建设、中关村示范区发展擘画了"路线图"和"工期表"。

在此大形势下，中发展也迎来新的机遇。2019年11月，市政府批复《关于推进中关村发展集团综合改革的方案》，方案要求中发展进一步提高科技服务能力，打造国际一流的创新生态集成服务商。至此，中发展围绕"北京国际科技创新中心建设需要一个什么样的中关村发展集团"主动开展了一系列改革转型的重大举措，以"轻资产、强服务、活机制"为目标，加速实现了从"开发商"到"服务商"的转变，推动北京市、中关村示范区成为创新梦想者心无旁骛地追求创新事业的沃土。

5.1 抢抓机遇，布局科技服务板块塑造未来智能化发展新格局

5.1.1 搭建中关村科技服务生态：数智引领、科创链接、全面服务

自成立以来，中发展围绕技术、孵化、信息、人才、金融和配套服务

六大类二十项关键服务，持续深入构建科技服务体系，积极建设和引入具有基础性、准公共性、正外部性特征的专业科技服务机构，着力提供高水平的规划、设计、咨询、孵化等服务，打造了众多有影响力的中关村科技服务品牌，应该说，在正式进军科技服务业之时，中发展已经具备了相当的业务基础。

按照综合改革"强服务"要求，中发展于2020年新设中关村科服公司作为体系内科技服务旗舰企业，瞄准双创主体的重点难点需求，致力于打造一个数智化科技服务创新生态体系，以中发展大数据中心、中发展科技服务线上结算中心和"金种子"管家服务中心为"信息基座"，以中关村易创大数据服务平台（线上）和中关村产业创新服务平台（线下）为"项目抓手"，提供大数据、信息化建设、共性技术、综合科技、科技推广以及配套保障等科创服务。

科服公司被定位为中发展集成服务的"导入口""连接器"和"放大器"，一方面推动中发展各业务板块数智化转型，建立中发展内外科技服务资源的统一接入门户，打造中关村科技服务的"流量入口"，提升中发展品牌形象和整体竞争力；以市场需求为导向，分别连接北京市丰富的科技服务资源，以及高精尖企业、双创企业、园区、政府机构等主体，联通线上线下，打造北京市整合科技服务资源的市场化平台，形成全向导通的"连接器"。另一方面打造科技服务生态圈，推动改变市场目前多见的单一领域科技服务模式，构建与国际接轨的科技服务创新生态体系，推动提升北京市营商环境和科技创新能力，成为全国科技创新的放大器。

5.1.2 "锻长板"：深化知识产权、集成电路设计等专业科技服务

知识产权服务和集成电路设计服务是中发展较早进入的专业科技服务领域"，服务能力较强，竞争优势明显，已经形成了一定的市场影响力。

1. 知识产权服务

实现知识产权市场化运营是创新创业活动的核心之一。中发展紧盯科

技创新"从0到1"环节，在成立之初就依托下属子公司北京知识产权运营管理有限公司（以下简称北京IP）瞄准高价值专利培育、知识产权维权保护等领域开展工作，北京IP以重点产业知识产权保护体系建设为核心目标，在高价值知识产权培育运营、知识产权维权保护、知识产权大数据、知识产权质押融资、知识产权资产证券化等多个领域实现业内领先，探索出一套盘活知识资产、促进价值实现的知识产权服务模式，具体体现在以下几点：

第一，围绕重点产业，专注培育运营高价值专利。借鉴国外经验做法，设立针对高价值专利创制与收储的专项基金，通过联合研发、外部购买、获得许可等手段快速积累高价值专利，并在此基础上开展筛选分类、集中管理等工作，协同构建一批以产业需求为导向的专利池，形成知识产权风险应对机制和共同防御机制，提高产业安全防护能力。

第二，坚持市场导向，持续推动科技成果转化。通过建立以产业需求为导向的高校院所专利布局模式，开展成果开发、质量监控、转移转化的全流程引导，确保有效的研究方向和高水平的发明创造，促使有价值的成果及时形成专利，开展专利许可转让、作价入股和产业化等商业运作，助推科技成果孵化与创业。

第三，做好分析评议，坚决防控知识产权运营相关风险。围绕重大项目投资、产业园区建设、技术引进、人才引进、科技创新管理、科技产业化管理等重大经济科技活动，在立项、中期、结项等环节实施知识产权分析评议，通过对与技术相关的知识产权的竞争态势进行综合分析，实现规避知识产权陷阱、确保项目顺利进行、提高决策质量水平的目的作用。

第四，聚焦科技企业，创新知识产权服务模式。在知识产权金融服务方面，积极探索突破现有知识产权质押融资业务模式瓶颈，促成不附带其他条件、真正意义、可复制的"纯"知识产权质押贷款模式。在知识产权大数据服务方面，搭建以专利与金融大数据为关键要素的智能化分析演算平台，打通知识产权与产业发展之间存在的数据孤岛，帮助政府部门、科技园区、资本市场、科技企业等不同主体，通过智能数据运算，构建可视化分析预测体系和个性化智能分析报告，实现把脉经营发展趋势，引领科技创新方向的目的。

2020年，北京IP以"高科技投资+知识产权专业服务"为手段，承担中国首个高价值知识产权培育运营国家专项（智能传感方向），发起设立国内首只智能传感领域知识产权投资基金，开发国内首个专门针对科技园区/区域的科创能力分析管理可视化系统。探索发展知识产权质押融资业务，搭建中关村知识产权质押融资综合服务平台，智融宝知识产权质押贷款服务企业数量和规模均占到全市两成。同时，积极布局线上、线下相结合的一站式知识产权维权保护等创新业务。推出国内首个智慧园区科创能力分析与可视化系统，优化推出智融宝2.0，获批世界知识产权组织技术与创新支持中心（TISC）和国家高新技术企业资质，IP Online公共服务平台累计盘活企业核心知识产权1225项。搭建中关村知识产权质押融资综合服务平台，有力支撑了北京市知识产权质押融资体系建设。

2. 集成电路技术服务

2015年12月，中发展设立中关村芯园公司，公司主要围绕集成电路设计产业，聚焦打造集投融资、共性技术、人才培养、创新孵化、市场推广、海外拓展、中介服务及生活配套等于一体的综合性产业服务平台，以集成电路设计为核心，聚集集成电路产业上下游企业，形成一体化产业链条，并延伸到软件应用、智能硬件、互联网、物联网等行业领域，探索建设"泛集成电路设计园"。

2019年11月，北京首个专注于芯片产业的服务平台——中关村集成电路设计园产业服务平台正式上线，代表中关村集成电路设计园构建的"一平台、三节点"产业生态体系正式落地。"一平台"指中关村集成电路设计园产业服务平台，线上线下相结合，聚合50多家专业服务机构，为IC设计企业提供EDA、IP、流片、封测、检验认证、财税、法律、知识产权等一系列专业服务。"三节点"是指通过人才节点、孵化节点和投融资节点,解决 IC 设计企业全生命周期的关键业务助力。人才节点为中关村芯学院和人才产业化联盟,由中关村集成电路设计园联合 6 所在京示范性微电子学院和北京半导体行业协会、赛迪智库、中关村芯园、安博教育、摩尔精英共同发起成立。孵化节点对应芯创空间新型孵化器,一期为 2000 平方米,可容纳 300 人创业团队。投融资节点体现为芯创基金,帮助实验成果、"独角兽"、行业龙头在中关村集成电路设计园寻觅一只适合的投融资基金。

5.1.3 "补短板":做强共性技术平台、数字化平台等专业科技服务

面对打造创新生态集成服务商的目标,中发展上下清晰地认识到还有很多工作要做,在提升板块协同能力、完善科技服务和数智化服务模式等方面还有很长的路要走,以综合改革为契机,着力补齐服务能力短板,完善专业科技圈层服务体系,为北京国际科创中心建设和中关村示范区发展提供更加有力的支撑。

1. 打造共性技术平台,提升对关键技术领域的服务能力

第一,针对高科技产业技术突破的共性需求。中发展面向产业维度,围绕企业核心技术研发、测试、中试、快制等需求形成服务能力近 100 项,面向科技企业提供共性技术服务产品清单。围绕产业垂直细分领域,与道依茨、国电、华为等机构合资合作,先后打造搭建 20 多个共性技术服务平台,推动搭建中关村生物医药精准技术服务平台、医疗器械生物相容性评价平台、医疗器械生物相容性评价平台、生命科学计量标准创新支撑平台、中关村软件园 IT 技术支撑服务平台、工业设计仿真服务平台(Simdroid)(云道智造)、中关村芯园公共技术服务平台、共享实验服务平台(米格实验室)、中关村至臻环保等专业化共性技术服务平台,在医疗器械、集成电路、生物医药、敏捷制造、智能网联、新材料北京十大高精尖产业垂直领域形成了成熟技术服务体系。

第二,建立"金种子"企业服务体系协同联动业务板块。运营好金种

子管家服务中心,汇聚中发展科技服务资源,建立"金种子"企业服务体系,推出定制"服务包",促进中发展业务板块协同联动,打通科技服务业务体系,提高集成服务精准化水平。推广企业管家小程序应用,协同服务管家提供系统化、专业化服务,根据企业的需求来精准匹配科技服务资源,开展包括企业融资对接、技术研发支持、市场推广助力、政策申报支持等在内的个性化精准赋能行动等。

2. 链接内外优质资源,实现专业科技服务

第一,对外积极对接三城一区主平台。聚焦北京市各区各分园产业定位,发挥中关村科服集成服务优势,结合各区政策条件及空间资源优势,吸引高精尖产业项目和优质创新孵化项目落地发展,助力形成特色产业集群。聚焦各区创新企业发展需求,共同搭建一批科技服务平台,引进一批专业服务机构,共建一批服务管家队伍,打造数字化产业生态系统,弥补各区创新生态服务短板。

第二,多方汇聚高精尖产业项目资源。广泛链接高精尖领域优质企业资源,将数字经济融入高精尖产业发展领域,多方汇聚项目资源,形成优质创新孵化项目池。加强与一区十六园对接,将一区十六园优质科技服务供应商、优质项目纳入科服生态体系。

第三,广泛链接全国优质资源。围绕大信息、大健康、大环保、大智造四大优势产业领域,积极链接全国共性技术服务优质服务资源。多渠道链接法律、财税、人才、培训、资质证照、设计、资金等能解决企业发展需求的综合科技服务提供商。围绕人才工作和生活所需,积极拓展综合配套服务资源。

3. 打造数智科服,助力数字化转型发展

第一,建立数据中心,进行数据资产汇聚管理。研究制定数据采集标准,规范集团各业务板块线上数据输出标准和口径,统一标准后进行数据存储,提升数据分配效率。搭建数据中台,全面梳理中发展数据资产,解决中发展业务板块信息独立的现状,夯实数字化转型底层。

第二，提供数字精准服务，提升服务效率。依托中关村易创大数据平台，链接中发展内部各业务板块，归纳收集中发展各板块服务标准，搭建数据模型对平台客户进行分析归类，根据板块业务需求和平台客户特性进行精准分配，提高中发展各板块业务的工作效率。通过创新信用评级等产品，减少合作不确定性，获取客户信任，优先支持客户与中发展内部专业服务机构合作，实现撮合匹配。

第三，逐步形成数据积累，挖掘数据价值。利用平台积累的数据资源进行价值挖掘，为平台寻找成果转化等新的价值点和收益增长点，形成数据-精准服务相互作用的闭环。发挥中关村大数据产业联盟组织优势，为园区企业提供精准服务，助力园区数字化转型。

5.2 深耕不懈，助推中关村论坛成为国家级开放创新交流平台

中关村论坛始办于2007年，论坛以"创新与发展"为永久主题（见下表），旨在促进国际间优势资源互补，加强国际间在研发创新、人员交流、创业投资和技术成果转化等方面的交流与合作。中发展于2018年成为论坛的主要承办单位，以此为契机积极拓展科技论坛与会展服务业务，于2020年设中关村国际会展运营管理公司作为中关村论坛运营机构，深入探索建立市场化、专业化、国际化的办会机制。

论坛始终秉承"科技办会"理念，论坛主会期包含论坛会议、技术交易、展览展示、成果发布、前沿大赛、配套活动6大板块，紧密围绕科技发展趋势、国家战略、首都发展策划活动内容。自2021年起，除主会期之外，论坛还会全年举办常态化系列活动，采用线上线下相结合、集中分散相结合、海内海外联动相结合的方式，举办会议和技术交易发布等活动，做到"月月有活动、季季有亮点"，持续提升创新生态的活力和良好氛围。

作为我国促进全球科技创新交流合作的重要窗口，中关村论坛获得了

世界各国和社会各界的广泛关注。国家主席习近平曾向 2019 年、2023 年中关村论坛致贺信，曾向 2021 年中关村论坛视频致贺。历届论坛嘉宾囊括了学界、商界、政界知名人士——诺贝尔奖、图灵奖、菲尔兹奖得主在内的全球顶级科学家、知名科研学术机构代表、国际组织负责人、全球知名企业家及投资人等都曾出席历届主论坛并发表演讲，为全球科技创新和科技产业发展提供了真知灼见，汇聚全球最具智慧的头脑，引领科技发展方向。中关村论坛为北京市国际科技创新中心建设、中关村示范区高水平人才高地建设注入了强大动力和活力。

历年中关村论坛概况

时间	主题	主办单位	承办单位	主要议题
2007 年	创新、合作与发展	科技部、中科院、中国科协、北京市政府	中关村管委会、市科委、北京市人民政府外事办公室（简称市政府外办）、海淀区政府、科技部火炬中心	促进国际间优势资源互补，加强国际间在研发创新、人员交流、创业投资和技术成果转化等方面的合作问题
2008 年	科技——全球创新挑战	科技部、中科院、北京市政府	科技日报社、科技部火炬中心、市政府外办、中关村管委会、海淀区政府	"技术发展前沿趋势""全球创新区域发展""创新协作与共赢""科技金融"等议题
2009 年	创新创业能力与企业家精神	科技部、中科院、国家知识产权局、北京市政府	科技日报社、科技部火炬中心、市政府外办、中关村管委会、海淀区政府	"低碳经济与绿色发展""金融创新与科技发展""知识产权战略与保护""科技创新与企业家精神""全球创新集群发展""金融危机下的合作与发展"等议题

续表

时间	主题	主办单位	承办单位	主要议题
2010年	战略性新兴产业策源地	科技部、中科院、中国工程院、国家知识产权局、北京市政府	科技日报社、科技部火炬中心、市政府外办、中关村管委会、海淀区政府、清华大学启迪创新研究院	"物联网、云计算及新兴技术的发展""全球互联网与移动互联网的创新与探索""中国创新医药产业的机遇与挑战""生物技术与医药产业的发展""新能源技术及产业的发展""中关村打造科技金融创新中心""产学研协同创新""科技发展趋势及国际科技园区合作"
2011年	创新驱动	科技部、中科院、中国工程院、国务院侨务办公室（简称国务院侨办）、国家知识产权局、北京市政府	科技部火炬中心、市政府外办、中关村管委会、海淀区政府、清华大学启迪创新研究院	"科技创新改变生活""金融创新与新兴产业发展""创意让生活更精彩""创新人才与发展""品牌与创新""知识产权产业与创新"
2012年	科技创新与全球合作	科技部、中科院、中国工程院、国务院侨办、国家知识产权局、北京市政府	科技部火炬中心、市政府外办、中关村管委会、海淀区政府、清华大学启迪创新研究院	"科技改变生活""国际技术转移与区域创新""文化融合科技""推进金融创新""吸引国际高端人才聚集的要素""创业孵化新模式"
2013年	科技创新与产业革命	科技部、中科院、中国工程院、国务院侨办、国家知识产权局、北京市政府	中关村管委会、科技部火炬中心、市政府外办、海淀区政府、清华大学启迪创新研究院	"科技与金融共生引领经济新发展"

续表

时间	主题	主办单位	承办单位	主要议题
2014年	协同分享·共赢	科技部、中科院、中国工程院、国务院侨办、国家知识产权局、北京市政府	科技部火炬中心、中关村管委会、市政府外办、海淀区政府、清华大学启迪创新研究院、中国联合网络通信集团有限公司	"大数据专场——大数据开启智能生活""互联网金融专场——互联网金融：融合与发展""创业发展专场——创业无界 跨境加速""技术转移专场——国际生态环境与能源技术转移"
2017年	创新·智能·新经济	北京盛景嘉成投资管理有限公司、北京千人智库科技有限责任公司		"经济发展论坛暨2017年盛景全球创新大奖""共商共进共赢——中关村科学城共建联席会2017年会""中关村人工智能与产业变革"
2018年	全球化创新与高质量发展	科技部火炬中心、中关村管委会、海淀区政府、国际科技园协会	中关村发展集团、盛景嘉成	探讨创新重塑经济结构、引领高质量发展的实施路径
2019年	前沿科技与未来产业	北京市政府联合科技部、中科院、中国科协	中关村管委会、市科委、市政府外办、海淀区政府、中关村发展集团和科技部火炬中心	5G、人工智能、工业互联网、脑科学、硬科技创新、耐心资本、知识产权等热点话题
2020年	合作创新，共迎挑战	科学技术部、中国科学院、中国科学技术协会、北京市人民政府	中关村论坛组委会办公室（中关村发展集团为论坛市场化运营独家管理单位）	聚焦"全球疫情下的民生福祉"，深入研讨科技抗疫、生命健康、全球创新合作、科技发展前沿等国际关心的重大议题

续表

时间	主题	主办单位	承办单位	主要议题
2021年	智慧·健康·碳中和	科学技术部、中国科学院、中国工程院、中国科学技术协会、北京市人民政府	中关村论坛执委会办公室（中关村发展集团为论坛市场化运营独家管理单位）	聚焦人工智能、量子科技、重大传染病防控等前沿和热点
2022年	开放合作·共享未来	科学技术部、工业和信息化部、国务院国有资产监督管理委员会、中国科学院、中国工程院、中国科学技术协会、北京市人民政府	中关村论坛执委会办公室（中关村发展集团为论坛市场化运营独家管理单位）	围绕人工智能、医药健康、能源安全、碳中和等热点议题，探讨科技引领人类社会发展新趋势

5.3 创新破题，构筑科技园区创新典范迈向可持续发展新模式

综合改革方案实施以来，中发展聚焦"轻资产"，探索轻重资产适度分离，塑造中关村社区品牌，通过为企业提供优质优价的空间载体以及产业组织服务，加速北京高精尖产业的集聚和发展，助力"一区多园"统筹协同发展。

5.3.1 园区发展轻量化改革

中发展以园区轻重资产适度分离为切入点，推动园区发展轻量化改革取得显著成效。设立中关村科技园区建设投资公司，作为中发展物业资产集约持有平台，专业从事高品质空间建设与腾退空间整理等业务，根据各

区产业定位和创新需求，搭建市场化、专业化产业服务平台，通过轻重资产协同，营造特色产业生态环境，带动项目、人才、资本、产业向园区空间聚集，塑造"中关村社区"品牌，逐步形成"高精尖"产业汇聚的生态空间。具体有以下举措：

第一，有序退出土地一级开发。不再承担新的园区土地一级开发任务，加快已开发土地上市进度。

第二，推动科技园区向创新社区转变。以空间为载体，以入园企业为中心，链接集成服务平台，通过基金+数据+生态服务，提升园区孵化、加速和产业化等运营服务能力。积极探索盘活闲置楼宇厂房等手段获取空间，引导科技回归都市。

第三，推动打造面向"三城一区"和"一区十六园"的轻资产服务体系。新设中关村智源人工智能公司，做大中关村芯园、软件园、医疗器械园、前沿技术研究院等专注细分领域的产业组织运营公司，构建面向"三城一区"主平台、中关村国家自主创新示范区主阵地的创新生态集成服务新格局，助力各区形成特色产业集群。

第四，加强数智园区建设与运营。把数智园区建设作为新基建重要载体，以中关村软件园国家数字服务出口基地为引领，搭建智能平台，推动场景应用，实现"多端触点服务"，贯通产业组织服务、数智园区服务、科创主体服务，推动产业园区数字化转型、智慧化建设、智力化运营、生态化服务的整体效能提升。

5.3.2 园区产业组织运营新型融投资模式

中发展以公募 REITs 为核心构建的园区产业组织运营新型融投资模式已迈出突破性的一步，2021 年成功发行首单科技园区公募 REITs——建信中关村 REIT（508099），盘活 16.67 万平方米物业、11.22 亿元账面资产，募集资金 33.4 亿元、净增货币资产近 20 亿元，通过打通园区物业资产上市通道，建立"投资—运营—发行 REITs 收回资金—再投资"园区建设新模式，可实现投资回收期缩短近一半。具体有以下举措：

第一，推动资产证券化。探索设立园区建设基金，引入财务投资人。积极推进园区公募REITs等资产证券化手段，有效盘活存量资产，丰富对接资本市场的融资渠道，增强园区资产流动性，缩短园区投资回收周期，形成园区自持物业可持续的商业模式。

第二，建立"耐心资本"供给新机制。积极争取市政府相关部门建立战略基金长期培育扶持机制。积极引入险资等长期资本，推动设立中关村创新母基金、S基金，参与私募股权基金二手份额交易服务平台，为"耐心资本"投向中关村搭建资本服务通道。

第三，优化投资结构。发挥投资导向作用，加大对科技股权投资、科技金融、科技专业服务等服务领域的投入和资产配置力度。加大服务产品研发投入，带动服务能力提升。做好各业务板块、股权和债权、长中短期之间投资项目的统筹，提高投融资资金匹配性。

第四，强化资本运作。围绕大信息、大健康、大环保、大智造等产业细分领域及中发展核心业务，搭建资本运作平台，开展上市公司并购、资产重组等资本运作，为隐形冠军、瞪羚企业建立间接上市渠道，适时推动优质资产与资本市场对接，逐步形成"中关村上市公司系"。

5.4 成人达己，塑造创新生态集成服务商引领未来科创与发展

中发展自2010年成立以来，立足首都发展大局和中关村先行先试政策，创新性打造包含空间载体、债权融资、股权投资、专业科技服务在内的圈层服务体系，紧抓数字经济时代特征，深入开展产业孵化和产业组织运营，加速推动中关村形成具有规模效应的科技成果转化和产业化体系，并在此基础上实现了平台自身的改革发展，以平台核心功能锻造企业核心竞争力，探索出一条"成人达己"的科技成果转化服务新范式，为各地落实创新驱动发展战略，打造符合本地产业定位的创新生态提供了一类实践样板。

5.4.1 打造具备"不与市场争利,与双创主体共成长"核心竞争力的创新生态集成服务商

作为一个市场化的创新资源整合平台,中发展从自身核心功能出发,经过多年实践探索出一套"不与市场争利,与双创主体共成长"的核心竞争力——通过为双创主体提供普惠的创新要素服务(如专业知识、资源渠道、技术设备和专业基础设施等),实现对创新创业主体未来拥有的潜在生产要素溢价(如企业股权、企业估值、企业品牌)的置换,置换差价就是中发展的核心商业模式,而置换效率取决于不同创新要素对生产要素的杠杆效应。

形成这种核心竞争力的关键机制是打造集成服务体系——中发展按照时代发展趋势,将不同行业领域业务集成为一个与创新创业发展需求相匹配的、有机的集成服务体系,进而实现对科技成果转化市场中创新资源的组织统筹。具体来说,顺应我国城镇化趋势,中发展承接并持续做大科技园区开发运营业务;顺应我国经济加速融入全球化浪潮的趋势,中发展领先开展了债权融资、股权投资等金融、类金融业务;响应科技自立自强的国家战略部署,中发展创新布局了专业科技服务板块,以大数据链接和一线服务企业的金种子管家相结合作为抓手,推动中发展体系内"数据流""信息流""项目流"合一,逐步实现板块之间的协同获客、协同服务和协同发展——较之其他创新资源富集地区打造的"开发商"或"投资商"科创服务平台,中发展走出了一条有着中关村特色的"服务商"道路。

5.4.2 打造具备"空间+投资+服务"核心功能的创新资源整合平台

中发展将打造创新资源整合平台作为企业战略定位,充分发挥创新资源枢纽作用,通过市场化机制在全球范围内构建创新网络并推动相关要素在中关村落地转化,在厚植创新土壤的同时推动优化创新资源配置效率,比如,充分借力独角兽企业发展联盟、大数据联盟等中关村核心行业协会

和产业联盟的媒介作用，从源头上深度挖掘、储备高校及科研院所的科技成果转化项目；比如，依托市场化专业团队在天津、南宁、保定等重点合作区域和城市打造类中关村创新生态，通过"产业飞地"等方式"让适宜的种子在适宜的环境中开花结果"；再如，承办中关村论坛，推动打造面向全球科技创新交流合作的国家级平台，着力提升对全球创新资源的聚集和承接能力。通过补齐中关村亟须创新要素和相关主体，中发展持续推动科技成果转化创新链向原始创新和产业化两端延伸，培育、吸引符合首都城市战略定位的领军企业和优质创新创业主体在京发展，逐步在中关村打造由科技成果转化为引领、以科技型企业为核心，具有规模效应的创新生态。

第六章
价值观：打造创新生态集成服务商的"六个坚持"

经过近三十年的高速发展，中关村示范区已经进入了科技创新的"无人区"。作为服务示范区、陪伴示范区成长的创新资源整合平台，中发展经过实践、总结、提炼、检验、再实践，形成了一套打造创新生态集成服务商的"六个坚持"价值观——坚持对标对表国家战略和首都发展大局，坚持在"政府"和"市场"之间找准自身定位，坚持以双创主体为中心，坚持发挥"先行先试"的体制机制优势，坚持"四位一体"价值理念，坚持加强党的全面领导。

6.1 坚持对标对表国家战略和首都发展大局

从中发展的经验来看，打造创新生态集成服务商要始终坚持对标对表国家战略和地方发展大局。

创新生态集成服务商的各项工作始终是在践行国家战略布局中找方向，在服务地方工作大局中找定位，在对外部发展趋势的精准把握中拓展空间。

创新生态集成服务商的各项工作要回应时代发展的要求，要持续不断地继承与创新；每个时期的重点任务虽然不尽相同，但是核心只有一个，就是服务创新发展。

创新生态集成服务商的各项工作，尤其是重大科技项目落地和战略性新兴产业培育过程，往往具有投资大、风险高、周期长的客观特征。一方面，企业应充分发挥国有企业促进科技创新的引领作用，坚持技术偏好、坚持投早投小，为双创主体提供"第一口奶"却不与之刻意争利；另一方面，企业应以国有资本作为驱动器，积极引导社会资本加大对科技创新投入的支持和倾斜力度，为社会资本的进入搭桥铺路，形成全社会支持创新创业的最大合力。

信息拓展

"首都发展就是围绕'四个中心''四个服务'推动高质量发展，关乎'国之大者'。在北京坚持'五子'联动融入新发展格局中，国际科技创新中心建设是'五子'之首。中关村是中国科技创新的一面旗帜，争当服务科技创新驱动的旗手，是时代的呼唤，也是我们心系'国之大者'，担负起助力国际科技创新中心建设使命职责的应有之义。"

——《2022年度集团党委工作报告》

"要牢牢把握科技进步大方向和产业革命大趋势，牢牢把握我国进入新发展阶段、构建新发展格局的新特征新要求。这是我们服务创新发展的重要遵循。要从产业基础高级化、产业链现代化的层面布局创新链、服务链。集团服务创新的工作，实质上就是通过资本、服务、数据等手段联结创新链与产业链。未来，我国产业基础高级化、产业链现代化重点发展什么、突破什么，我们就要着重提供相应的服务。"

——《2021年度集团党委工作报告》

"疫情的短期影响不会改变我们推动综合改革方案落地的信心与决心。我们要始终胸怀'两个大局'，理性辩证地看待这次疫情带来的影响，善于化危为机，牢牢把握北京全国科技创新中心建设的战略部署，牢牢把握集团改革转型的工作主线，并以其作为认识基点、逻辑起点、谋划要点。"

——《2020年度集团党委工作报告》

"今年，中美贸易摩擦引起大家的关注，这不仅仅是钢铁和大豆之类的贸易冲突，实质上是两个国家在博弈全球创新经济的领导权，主要发达国家对我国创新技术的'围堵'也趋向强化。面对外部环境的挑战，我们必须保持战略定力，变压力为加快发展的动力，已经明确的战略任务，要坚定不移地走下去，以自身的确定性来对冲外部环境的不确定性。"

——《2019年度集团党委工作报告》

6.2 坚持在"政府"和"市场"之间找准自身定位

从中发展的经验来看，打造创新生态集成服务商要始终坚持在"政府"和"市场"之间找准自身定位。

创新生态集成服务商应承担服务创新发展事业中"政府想做不能做"的事，深入研究区域创新高地建设的刚性需求，在降低空间成本、提升专业化服务水平、增加资本供给、推动科技成果转化与创新企业孵化等关键方面，提供优质普惠的服务，推动各类创新要素向属地汇聚，为创新生态建设培育要素土壤。

创新生态集成服务商应承担服务创新发展事业中"市场不愿做、做不好"的事，以市场化机制和手段为基础，通过创新资本运作模式和运营机制，丰富股权投资、组合金融等方式，发挥国有资本的市场化平台在政府与市场之间的黏合、放大效用，加强与社会资本的联动、互动，通过市场传导机制的放大效能，共聚科技创新和新兴产业发展的势能。

创新生态集成服务商应在政府和市场之间做链接、做黏合，对市场形成引导、补充和放大，实现政府意图和市场行为有机统一；与此同时，持续提升服务商在国际国内影响力，实现经济效益和社会价值的统一。

信息拓展

"我们要争当服务科技创新驱动的旗手，就是要善于把这些高含金量政策红利转化为高质量发展的内在动力，着力发挥新型举国体制优势并形成生动实践，为中关村建设世界领先的科技园区、北京建设国际科技创新中心作出新的更大的贡献。"

——《2022年度集团党委工作报告》

"与国际同行相比，集团具有新型举国体制的优势。国有资本市场化运营，更能为创新创业主体提供政策性、普惠性服务，同时也有更多的机会去发掘、投资高成长价值的硬科技项目；与国内同行相比，集团构建了创新生态集成服务的业务体系，能为科技成果转化、产业化发展提供全周期的专业化服务，是科技服务的新模式、新业态。这两方面优势是集团作为北京建设国际科技创新中心'助推器'的最大底气。"

——《2021年度集团党委工作报告》

"我们服务国家战略并不同于政府对创新创业的直接支持，而是政府之手与市场之手的有机结合，既有'集中力量办大事'的新型举国体制优势，又有市场化手段的灵活机制。这是我们改革转型的'巧实力'。有了十年发展的实力积累，我们完全有信心抢抓机遇，顺利实现改革转型，加快打造国际一流的创新生态集成服务商。"

——《2020年度集团党委工作报告》

"'政府+市场'整合创新资源的平台，既有'集中力量办大事'的制度优势，又有市场化手段的灵活机制，特别是在'政府想做不能做，市场不愿做也做不好'的领域发力，我们具有得天独厚的资源优势。"

——《2019年度集团党委工作报告》

6.3 坚持以双创主体为中心

从中发展的经验来看，打造创新生态集成服务商要始终坚持以双创主体为中心。

创新生态集成服务商应坚持推动创新要素在属地汇聚落地，始终把企业放在突出位置、把人才放在核心位置，通过引进和培育创新型人才、促进创新型企业快速成长等营造有利于创业创新发展的生态环境，推动形成大众创业、万众创新的格局。

创新生态集成服务商应坚持推动创新要素组合转化创新生态，始终围绕双创主体搭建创新生态，从整合要素向开放服务升级、从物理汇聚向化学反应转变、从"推着企业走"向"陪着企业跑"转型。

创新生态集成服务商应坚持推动创新生态引领创新发展，始终围绕属地产业和科技发展规划，通过大数据等数字化技术深化创新链体系建设，推动规划"落图、落细、落实"，构建国际合作、国内协同、优质项目落地的发展格局。

创新生态集成服务商应坚持推动企业与创新生态、双创主体共成长，始终把服务商的事业根植于创新创业主体。满足创新创业的社会刚需、精准解决创新生态的社会问题，通过打造高质量的创新生态，实现服务商自身全面可持续发展。

信息拓展

"加强新业务、新产品研发管理和投入。围绕双创主体的需求，持续丰富集团业务条线和服务产品，搭建自上而下的集团新业务、新产品研发工作组织推动机制，探索通过'揭榜挂帅'等方式实现跨部门、跨子公司之间研发资源的协同共享，推动集成服务产品的研发。"

——《2022年度集团党委工作报告》

"'十四五'时期，集团要以产业链为龙头，绘制高精尖垂直细分领域产业链地图，'一链一策'围绕重点产业链配置服务资源，增强产业链自主可控能力，做深大信息、大健康两个'核爆点'产业；延伸园区链，打造产城融合、充满活力的创新社区，吸附更多创新资源；拓展资本链，实现价值的加速放大；做优服务链，补齐短板、锻造长板，提升创新创业主体对集团服务的满意度。要利用好集团十年发展积淀的数据资源，打破数据孤岛，实现'4+2'业务数据贯通，建立行之有效的协同机制，扩大协同'朋友圈'，做大产业'生态圈'，构建利益'共同体'，提升服务链，探索构建资本驱动、服务驱动、大数据驱动创新的'新中关村之路'。"

——《2021年度集团党委工作报告》

"要推动商业模式从做地做房的'传统经济'向与双创主体共成长的'新经济'转型。将园区空间定位为基础设施，将入驻企业作为创客，通过市区协同、政企联动、资产证券化等多措并举降低创新创业土地空间成本，通过提供优质优价服务吸附创新资源，建立'空间+投资+服务'的运营模式，构建新型价值曲线，做长做深创新服务链，增强服务黏性，共享双创主体的成长价值，获取可持续经营回报，实现向价值链高端布局。"

——《2020年度集团党委工作报告》

"集团改革转型的目标是打造国际一流的创新生态集成服务商，推动建立产业链、服务链、技术链、资本链、空间链'五链融合'的创新链体系。"

——《2019年度集团党委工作报告》

6.4 坚持发挥"先行先试"的体制机制优势

从中发展的经验来看，打造创新生态集成服务商要始终坚持发挥创新高地"先行先试"的体制机制优势。

创新生态集成服务商应始终肩扛创新大旗，勇于践行不怕失败的创新精神，充分发挥"改革"与"创新"这两个轮子的驱动力，将创新和担当精神深深烙入企业的文化基因。

创新生态集成服务商应始终践行国企改革精神，面对互联网时代科技革命的大潮，服务商应坚持体制机制创新，不断突破制约创新发展的体制机制障碍，进一步创新科技管理体制，改革国有资产管理体制，释放企业发展活力。

📎 信息拓展

"但对表国企改革进度，特别是要在今年全面解决历史遗留问题的要求，还有许多痛点难点亟待突破。我们的改革工作已经进入到深水区、关键期。这既是巨大挑战考验，也是历练队伍、增长才干的机会！我们必须以跑秒计时的状态、压线冲刺的干劲，抓早、抓实重点领域和关键环节的改革任务，坚决迈过实现高质量发展的'门槛'，以实际行动来回答需要一个什么样的'中发展'这个改革命题。"

——《2022年度集团党委工作报告》

"集团综合改革方案之所以要求'轻资产、强服务'，是因为重资产占比过大，导致整体服务能力偏弱、再投资不可持续的问题。因此，需要优化资产结构，增强服务黏性，与创新主体未来成长、股权价值形成共同体，提高服务的附加值，实现转型发展。"

——《2021年度集团党委工作报告》

"集团党员大会对改革转型任务进行了部署。这次市政府批复的集团综合改革方案，又进一步明确了集团的使命愿景、目标任务和实施路径。集团改革转型的决心前所未有、力度前所未有，释放红利也将是前所未有，同时难度也是前所未有，需要我们步调一致、上下同欲，坚持国际化、市场化、专业化方向，做强'4+2'业务体系，树立强服务企业文化，强化与双创主体共成长的服务理念，不断提升集团核心竞争力。'形势逼人，不进则退。'"

——《2020年度集团党委工作报告》

"集团改革转型是支撑首都高质量发展和全国科技创新中心建设的重要组成部分，也是北京市深化国有企业改革和科技体制改革的一项战略举措。要提高站位，增强大局意识。不论在哪个层级推进改革、开展工作，都要坚持在大局下谋划、在大势中推进、在大事上作为。"

——《2019年度集团党委工作报告》

6.5 坚持"四位一体"价值理念

从中发展的经验来看，打造创新生态集成服务商要始终坚持"四位一体"价值理念。

创新生态集成服务商应努力实现社会价值、企业价值、股东价值和员工价值四者的有机统一和共同提升，让政府放心，让股东满意，让企业发展，让员工幸福。

创新生态集成服务商应抓牢集成服务这一核心竞争力。通过服务科技创新提升中高端供给能力，在供给侧结构性改革上发挥作用，有效支撑创新链、产业链、供应链"三链联动"，持续做广"四位一体"价值范围。

创新生态集成服务商应把握好企业整体规模的稳态。强化资本运作、盘活存量资产、优化投资结构，释放改革转型蕴含的发展潜力，引导提升债权人、投资人的预期，切实做好财务风险控制和合格性管理，持续做深"四位一体"价值水平。

创新生态集成服务商应建立完善现代企业制度。激发国有企业的活力和创造力，不断完善公司法人制度，按照产权明晰、权责明确、政企分开、管理科学的基本要求，加快建立健全现代公司治理结构，持续做精"四位一体"价值体系。

📎 **信息拓展**

"服务首都发展、承担市委、市政府赋予的使命任务，迫切需要建立和完善可持续发展的商业模式。"

——《2022年度集团党委工作报告》

"'十四五'时期，集团要更加突出社会责任，始终坚持'以创新创业主体为中心'，围绕科创企业、科研院所、科学家、企业家、创业者等创新创业主体构建普惠、绿色、全周期的服务生态，做长做深创新服务链，为双创主体赋能，推动企业社会价值的实现。同时，要对标国际标准体系，以企业社会责任竞争力为引领，以此夯实可持续发展的管理基础，进而为企业自身经营提供更广阔的资源和助力。"

——《2021年度集团党委工作报告》

"综合改革方案就是集团推进治理体系和治理能力现代化的时间表、路线图、任务书。通过方案的全面落地实施，要探索建立起支撑可持续发展、更加成熟定型的治理体系，真正成为市委、市政府最可信赖的依靠力量。"

——《2020年度集团党委工作报告》

"在建设具有全球影响力的创新中心建设进程中，集团在创新载体、创新资源、企业品牌等方面已形成一定的硬实力和软实力，在国内外的影响力日益显现。这些都是我们未来实现自身升华与跨越，形成'突破、示范、引领'的良好发展条件。"

——《2019年度集团党委工作报告》

6.6 坚持加强党的全面领导

从中发展的经验来看，打造创新生态集成服务商要始终坚持党的全面领导。

创新生态集成服务商要始终坚信党的领导是企业最终取得成功的关键和根本。切实发挥党委把方向、管大局、保落实的作用，推动党建和经营融合发展，确保企业改革和发展沿着正确方向前进。

创新生态集成服务商应注重以党建带动企业文化建设，在学习贯彻习近平总书记系列重要讲话精神、深入开展党的群众路线教育实践活动中，统一思想，凝聚共识，改进作风，实现党建与业务工作双促进、共提升，向社会展示一个有责任、有担当的企业良好形象，让企业品牌更加深入人心。

📎 **信息拓展**

"进一步压实管党治党主体责任，不断把全面从严治党引向深入，为做好各项工作提供坚强保证。"

——《2022年度集团党委工作报告》

"要认真贯彻新时代党的建设总要求和新时代党的组织路线，突出庆祝中国共产党成立100周年，坚持巩固深化'不忘初心、牢记使命'主题教育成果，以巡视整改为契机，进一步压实管党治党主体责任，推动全面从严治党不断走向深入，以高质量党建引领高质量发展，汇聚开局'十四五'、开启新征程的强大力量。"

——《2021年度集团党委工作报告》

"落实新时代党的建设总要求，进一步压实管党治党主体责任，坚持以疫情防控工作成效来检验和拓展'不忘初心、牢记使命'主题教育成果，以集团党建三年行动方案为抓手，切实发挥集团党建'引领、保障、助推、聚力'四个作用，不断把全面从严治党引向深入，为综合改革方案落地实施提供坚强政治保证和组织保证。"

——《2020年度集团党委工作报告》

"党的事业总是与党的建设同向共进。完成集团在新时代改革转型的事业、推动集团创新发展迈上新台阶，必须依靠党的领导，集团党的建设要有新气象、新作为。要深化落实全面从严治党主体责任，以永远在路上的韧劲和执着，'一锤接着一锤敲'，不断把全面从严治党引向深入，为做好各项工作提供坚强保证。"

——《2019年度集团党委工作报告》

第七章
方法论：经营创新生态集成服务商的"五个招式"

从国内外普遍经验来看，科技创新活动多具有周期长、风险大、不确定性高等特征，服务科技创新活动及其主体亦是如此。作为北京市整合创新资源的市场化平台，中发展从无到有，从小到大，在长期实践中探索形成了一套行之有效的、旨在推动大型集团化企业良性发展的经营管理理念——强化服务能力、积累服务资源、提升服务黏性、创造服务价值、营造服务文化——我们称之为经营"五个招式"。通过打造有集团特色的服务模式、业务体系、竞争优势、战略节奏和事业情怀，更好地面向创新生态和创新主体开展"全周期、一站式、管家式"集成服务。

7.1 第一式：强化服务能力，打造有"生态效应"的服务模式

强化服务能力是打造创新生态集成服务商的"第一式"，是企业之所以被称为"集成服务商"的前提。企业强化服务能力应朝哪些方向发力？根据中发展的实践，企业应围绕属地创新创业生态及其创新主体的切实需求有针对性地强化服务能力，聚焦于"政产学研用金介媒"等方向共同发力，以专业科技服务催化创新主体形成生态体系。具体可以从以下几个方面入手：

第一，打造创新生态集成服务商应着力提升服务政府能力（"政"），当好政府政策的落实者。创新生态集成服务商肩负着培育属地创新生态的特殊使命，应对标对表国家战略和属地发展大局，从政策需求和市场

> **创新生态集成服务**
> 来自中关村发展集团的探索与实践

需求出发，在政府和市场之间做链接、做黏合，不与市场争利，对市场形成引导、补充和放大，实现政府意图和市场行为有机统一，致力于打通政策落地的"最后一公里"。

第二，打造创新生态集成服务商应着力提升服务产业能力（"产"），当好高精尖产业落地的组织者。企业应瞄准属地产业方向和布局，探索以生态集成服务打造高端化、特色化的创新空间，建用并举，打造一批高品质标志性科技园区和产业服务平台，通过轻资产运营服务扩大产业组织服务范围，对属地产业的发展形成有力支撑。

第三，打造创新生态集成服务商应着力提升服务"大学大院大所"能力（"学""研"），当好科技成果转化的促进者。企业应围绕属地创新生态的关键要素、创新链条的堵点断点和双创主体的核心需求，逐步打造涉及科技专业服务、科技金融服务、科技投行服务、创新社区服务和国际国内协同创新服务等领域，覆盖科技创新全周期的服务产品体系，与市场服务错位配合，重点服务高精尖领域的技术型早期项目，为科技成果转化持续送上精准、普惠、专业的集成服务包。

第四，打造创新生态集成服务商应着力提升服务技术创新和场景应用能力（"用"），当好创新创意的对接者。企业应围绕技术创新和技术交易，通过打造数字化平台，汇聚国内外优秀项目和紧缺需求，为新技术新产品提供全方位、立体式展示对接服务；企业应大力合作投资建设共性技术、检验检测和综合服务平台，为创新主体提供紧缺型关键性科技服务；企业应成立线下服务团队，"一企一策"贴身开展技术经纪服务，助力创新活动走向市场的"最后一公里"。

第五，打造创新生态集成服务商应着力提升服务双创主体投融资能力（"金"），当好"耐心资本"的提供者。企业应致力于解决科技型中小微企业"融资难、融资贵、融资慢"的桎梏，打造涵盖科技担保、科技租赁、供应链金融等多元化的科技金融体系，结合大数据评价模型等数字化技术帮助中小微企业实现信用融资；企业应围绕双创主体不同成长阶段，打造覆盖双创主体股权投资需求的，包含母基金、细分领域产业基金、上市并购基金和 S 基金等在内的基金生态体系，帮助企业对接多层次资本市场。

第六，打造创新生态集成服务商应着力提升服务国内外创新协同交流能力（"介""媒"），当好协同创新理念的传播者。企业应着力培育科技会展服务，吸引国际高端创新资源在属地汇聚，打造国际科技交流窗口；企业应积极拓宽服务市场，以重资产合作和轻资产服务相结合的形式开展跨区域业务，推动特色服务模式在全国各地开枝散叶，推动企业品牌影响力持续提升。

📎 信息拓展

"把握服务业高迭代、去中心、快速决策的特点，建立以人才为核心的资本结构和管理架构，积极引入项目经理、产品经理，打造中发展合伙人团队。探索一对一的企业管家制度，与集团各业务紧密结合，与科研机构、市场和政府政策广泛对接，形成一站式、全链条、专业化服务能力，为集团各业务赋能，为双创主体赋能。"

"聚焦园区主业、高精尖产业方向和创新生态需求，协同各业务资源，提高产业组织能力，大力吸引符合首都城市战略定位的硬科技企业和成果落地。"

——《2019 年度集团经营工作报告》

"深入落实市领导调研指示精神，聚焦中关村科学城，补齐优质创新要素，以重点园区为承载，推动空间布局优化，着力提高对全球创新资源的开放和聚集能力，营造国际一流的创新创业生态。"

——《2018 年度集团经营工作报告》

7.2 第二式：积累服务资源，构建有"圈层架构"的业务体系

积累服务资源是打造创新生态集成服务商的"第二式"，是成为"集

成服务商"的基础。企业积累服务资源应朝哪些方向发力？根据中发展的实践，企业应以"锻长板、补短板"为原则，打造以专业服务平台公司为核心的圈层服务体系，进一步广泛链接国内外专业科技服务机构，推动形成科技服务"朋友圈"，持续积累专业科技服务资源，逐步实现从"有能力"向"有资源"的跨越。具体可以从以下几个方面入手：

第一，创新生态集成服务商应打造自己的专业科技服务平台。企业应加大投入，着力构建覆盖规划、设计、咨询、孵化、知识产权等专业科技服务领域的业务体系，围绕高精尖垂直细分领域的关键性、紧缺性技术着力布局共性技术服务平台，持续发布科技服务相关领域团标，推动提升行业标准化、专业化水平，做到引领科技服务行业发展趋势。

第二，创新生态集成服务商应按照圈层逻辑建设业务体系。企业应根据自身经营实际，按照核心业务层、战略投资层、资源合作层以及大数据链接层的圈层设计，通过自建、控股参股、主导协同等多种方式相结合，由易到难、由简入繁地构建业务体系，确保业务体系能够保持高效率的投入产出比，能够提供稳定的现金流。企业应建立线下一对一管家服务模式，通过培育一支懂产业、懂技术、具备国际视野的服务管家队伍，深入一线了解双创主体现实需求，为企业提供特色化精准化服务解决方案。

📎 **信息拓展**

"把发展专业科技服务作为做增量的重要抓手，瞄准北京创新生态亟须的服务要素，建立核心业务层、战略投资层、合作资源层、大数据链接层的圈层服务体系，助力集团各业务领域向大数据驱动创新、服务驱动创新转型。"

——《2019 年度集团经营工作报告》

7.3 第三式：提升服务黏性，形成能"降维打击"的竞争优势

提升服务黏性是打造创新生态集成服务商的"第三式"，是打造"集

成服务商"的关键。根据国务院《关于加快科技服务业发展的若干意见》，科技服务业包括研究开发及其服务、技术转移服务、检验检测认证服务、创业孵化服务、知识产权服务、科技咨询服务、科技金融服务、科学技术普及服务和综合科技服务等九大类细分产业领域。在各个细分领域均有专业服务机构，其中不乏极具竞争力的同行企业，要想打造国际一流的创新生态集成服务商，就需要通过建立"降维打击"的竞争优势，不断提升企业的市场能级，提升服务黏性。具体可以从以下几个方面入手：

第一，创新生态集成服务商应巩固"人无我有"的刚性优势。刚性优势是指企业本身固有的优势业务。创新生态集成服务商往往具有多元化业务体系，而其中最成熟的业务板块则是服务商的刚性优势所在。在打造创新生态集成服务商的过程中，需要持续巩固"人无我有"刚性优势。对于中发展而言，科技园区和科技金融板块是刚性优势所在。科技园区方面，中发展深耕"一区十六园"，打造了包含软件园、生命科学园、医疗器械园、集成电路设计园、前沿技术研究院等在内的一批高品质标志性"园中园"，上述园区地均收入、地均税费均在中关村示范区平均水平3倍以上。到2022年，中发展在京建设运营特色园区16个，运营空间近300万平方米，入驻企业超2000家，助推北京各区形成产业集群叠加效应。科技金融方面，中发展持续做强中关村金服集团，搭建包括担保、租赁、小贷、供应链金融、信用交易、企业上市服务等功能的中关村科技金融服务平台，打造中关村信用交易平台，依托大数据为双创主体提供融资整体解决方案；中关村担保成为市属首家荣获AAA级主体信用评级的融担机构；中关村租赁在香港主板成功上市，是"中国科技融资租赁第一股"。

第二，创新生态集成服务商应挖掘"人有我优"的弹性优势。弹性优势是指企业最有意愿发展也最具有潜力的业务板块。在打造创新生态集成服务商的过程中，需要持续挖掘"人有我优"弹性优势。对于中发展而言，科技服务板块是最具代表性的弹性优势板块。综合改革以来，中发展加快做大中关村科服公司，通过新设、重组、并购等方式，做强知识产权运营、产业咨询规划、中试转化等专业服务机构；围绕产业垂直细分领域，加强与道依茨、国电、华为等机构合资合作，搭建十余个共性技术服务平台，引入创业黑马、P&P等100余家社会专业机构建立战略合作关系，与微芯研究院、腾讯云等协作，加快建设中关村易创、技术交易、数智园区等大数据服务平台。设立金种子管家服务中心，为双创主体提供线下一对一精准服务，帮助企业应对国内外超预期突发因素，在京平稳发展。

第三，创新生态集成服务商应打造"人优我全"的惯性优势。惯性优势是指企业最具杠杆效应的业务板块。在打造创新生态集成服务商的过程中，需要持续发挥"人优我全"的惯性优势。对于中发展而言，"中关村"这块金字招牌就是惯性优势，科技会展业务就是惯性优势落地的最好体现。自2019年以来高标准承办中关村论坛，助力中关村论坛从区域创新论坛升级为国家级开放创新交流平台，形成"月月有活动、季季有亮点"的常态化运营机制；进一步，中发展深入打造中关村发展、中关村社区、中关村科服、中关村金服、中关村资本、中关村国际五大品牌，形成有中关村特色的集团品牌体系，企业品牌影响力不断提升。

第四，创新生态集成服务商应发挥"人全我快"的黏性优势。黏性优势是指企业最具有长期效应的业务板块。在打造创新生态集成服务商的过程中，需要持续发挥"人全我快"的黏性优势。对于中发展而言，科技股权投资业务是具备黏性优势的业务板块。围绕科技型中小微企业股权融资需求，中发展打造了"耐心资本"母子基金系，以"投早、投小、投新"为投资理念，与大学大院大所等机构合作建立早期项目挖掘机制，将初创企业视为主要投资标的，实现初创企业项目占中发展投资项目总数的一半以上；同时，中发展还着力引导社会资本投资认股权项目，与利益相关者一道共享双创主体的成长价值。自开展综合改革以来，中发展新设主导基金近30只、战略管控基金超20只，总规模超600亿元，布局投资了清华紫光、智芯微电子等200多个高精尖项目，超20家被投企业成功上市，为北京市中小企业科技创新活动提供了强有力的"耐心资本"。

📎 **信息拓展**

"要前瞻十五年、干好这五年、奋斗每一年，积小胜为大胜。一方面，要瞄准未来十五年推动集团发展再上大台阶，加快实施大数据驱动战略，打造多元化业务、数字化贯通的技术型公司；另一方面，要抓好当前，推动各业务、子公司加快数字化转型，把数据作为新型生产工具，提供更加精准、便捷、优价的服务。"

——《2021年度集团经营工作报告》

"启动信息化二期建设，构建统计信息系统等重点模块，探索搭建集团内部协同、外部共享、内外联通的智慧平台，形成集团未来的核心竞争力。进一步加强业务协同，建立数据共享平台，探索利益共享机制。"

——《2018年度集团经营工作报告》

7.4 第四式：创造服务价值，实现能"领先半步"的战略节奏

创造服务价值是打造创新生态集成服务商的"第四式"，是成为"集成服务商"的根本。那么如何创造服务价值？根据中发的实践，企业应保持"领先半步"的战略节奏。之所以是"领先半步"，是因为面对创新的高度不确定性，服务企业不宜在短时间内过度铺张业务。这意味着企业要在逐步发展覆盖科技成果转化全生命周期的业务体系的同时，做实做稳以双创主体为中心的可持续的商业模式，推动整体规模、营收和利润保持高水平稳态并实现持续增长。具体可以从以下几个方面入手。

第一，创新生态集成服务商应保持视野领先半步。企业应练就洞察时代发展趋势的先进视野，牢牢把握住国家科技体制改革以来几次重要发展趋势，实现跨越式发展。一是我国城市化浪潮，企业充分把握创新要素空间聚集的规模效应，着力打造了一批高品质标志性的科技园区，形成园区

开发和建设、房屋销售和出租、物业管理等在内的现金流和盈利点。二是我国深度融入全球化治理，企业充分把握资本市场的杠杆效应，着力打造了投融资业务体系，形成股权投资、债权融资等在内的现金流和盈利点。三是我国面临第四次工业革命，实现科技自立自强的紧要关口，企业充分把握国内外创新生态重大变革机遇，着力打造了专业科技服务体系，布局了共性技术服务、高端智库服务等盈利点，为业务在未来的持续增长奠定基础。

第二，创新生态集成服务商应保持运营模式领先半步。企业应打造相对同行企业领先的业务运营模式。创新生态集成服务商往往呈现出多元化集团企业的组织特征，通过业务体系协同运营实现创新生态的规模效应成为关键。对中发展来说，以"4+2"业务体系为支柱的多板块协同运营模式正在逐步形成，在京内依托高品质标志性科技园区打造"空间+服务+投资"模式，完善园区服务生态，提升园区创新活力；在京外打造"类中关村"生态模式，完善区域协同网络，加强重点区域深耕细作，拓展中关村新技术新产品应用场景，服务和发掘创新人才、颠覆性技术和高端项目，让适宜的种子在适宜的环境中开花结果；在海外打造"创新中心+创新基金+跨境服务"模式，强化在创新资源富集的国家和区域布局，加快构建国际协同创新网络，发挥"路由器"作用，推动国际高端创新资源汇聚北京。

第三，创新生态集成服务商应保持落地领先半步。随着我国科技体制改革不断深化，科创领域涌现了一系列先行先试性质的政策和试点，企业应紧抓这些改革趋势，充分运用政策红利，推动创新业务举措落实落地，进一步提升经营效率。对于中发展而言，抢抓REITs政策机遇，于2021年成功发行北京首只科技园区公募REITs并获资本市场强烈追捧，盘活16.67万平方米物业、11.22亿元账面资产，募集资金33.4亿元、净增货币资产近20亿元，表内尚有同类物业60万平方米，有利于持续增强发展实力。通过打通园区物业资产上市通道，建立"投资—运营—发行REITs

收回资金—再投资"园区建设新模式，可实现投资回收期缩短50%，为未来快速扩大运营空间，形成创新产业集群叠加效应奠定基础。

信息拓展

"在扎实推进改革转型的同时，也要做好风险防范，避免经营工作出现大起大落，掌握好前进节奏，坚持'领先半步'，在商业模式落地过程中，小步快跑、保持适度领先，在实践中验证，在发展中迭代，确保综合改革平稳顺利推进。"

——《2021年度集团经营工作报告》

"各业务单元都要把握市场化的改革方向，发扬'二次创业'精神，对标优秀、领先半步，善于经营、敢于竞争，为集团服务科技创新事业赢得可持续发展空间。"

——《2020年度集团经营工作报告》

7.5 第五式：营造服务文化，培育愿"成人达己"的事业情怀

营造服务文化是打造创新生态集成服务商的"第五式"，是打造"集成服务商"的最终目标，是推动服务商长盛不衰、基业长青的长效机制。那么如何营造服务文化？我们认为服务商应从自身使命出发，围绕服务对象的核心需求挖掘文化内核，通过日常工作、集中宣贯等方式将文化内核嵌入到企业人才队伍建设中，并达成高度共识，形成"外化于行，内化于心"的良性局面。具体可以从以下几个方面入手：

第一，创新生态集成服务商应将"成人达己"情怀根植于企业使命。企业使命是事业情怀的最初源泉。创新生态集成服务商的使命是培育属地创新生态，这就注定了企业要和属地实现共同发展，所以"成人达己"的情怀应从企业成立伊始就根植于使命。对中发展而言，在成立之时，市委、市政府赋予了中发展统筹组织重大项目引进、落地和产业布局，统筹

创新生态集成服务
来自中关村发展集团的探索与实践

搭建基础设施建设的投融资平台，代表政府对重大项目进行股权投资三项使命。基于此，中发展进一步明确了在创新生态要素和创新主体之间作为"连接器、放大器、转换器、路由器"的"四器"定位，弥补科技成果转化过程中"政府想做但不能做，市场不愿做也做不好"的关键空白节点。中发展还确立了企业"双维"战略目标，以中关村示范区发展目标为先导，以公司发展目标为支撑，坚持中关村示范区和公司同步发展。应该说中发展"成己达人"情怀是因中关村而生，与示范区同呼吸，共命运。

第二，创新生态集成服务商应将"成人达己"情怀贯穿于企业文化。企业文化是事业情怀的最好载体。对中发展而言，它的一切工作都围绕中关村示范区展开，所以中关村"鼓励创新、宽容失败"的文化内核也深深烙印在中发展的基因之中。因此，中发展确立了"创新、专业、担当、作为"的企业文化。创新是中发展的发展源泉，意为时刻保持探索精神和求新意识，保持前瞻性，倡导全面创新、全员创新，汇聚创新资源，服务创新生态。专业是中发展的精神信仰，是创新的保障，意为以专业的态度对待工作，以专业的精神驱动创新发展，为科技创新企业提供专业的服务。担当是中发展的内生动力，意为面对职责和任务主动承担迎难而上，不退缩、不推诿、敢为人先、乐于担当，助力全国科技创新中心建设。作为是中发展的行动追求，意为形成想作为、能作为、有作为的干事氛围，每个员工都是奋斗者和实干家，奋力打造成国际一流的创新生态集成服务商。此时的"成己达人"情怀是中发展因北京打造国际科创中心而兴，与北京市创新生态同发展，共进退。

第三，创新生态集成服务商应将"成人达己"情怀践行在商业模式。商业模式是事业情怀的最好践行方式。对中发展而言，积极打造"空间+投资+服务"的商业运营模式，结合中关村各分园细分产业定位，通过搭建产业组织服务平台，在垂直细分领域整合产业资源、打造产业生态，加大对头部企业、隐形冠军企业和创新型企业的服务支持力度，促进高精尖产业项目在各分园集聚发展。与此同时，中发展也以入园企业为中心，通过优质优价的集成服务增强服务黏性，锁定科技股权早期投资权益，通过资本市场溢价获取超额收益，共享双创主体的成长价值。此时的"成己达人"情怀是中发展因创新创业浪潮而强，与双创主体同进步，共成长。

第四，创新生态集成服务商应将"成人达己"情怀传承在人才队伍建设中。人才队伍建设是事业情怀的最好传承方式。作为国内外创新生态高地的代表，中关村的第一优势资源是创新人才。他们有家国情怀，能够认清大趋势，敢冒风险，矢志为创新投入自己的热情、知识和资源。这种"成人达己"的精神推动中关村涌现出一大批创新创业优质企业和成果。而面对深入创新"无人区"的探索，中关村未来最稀缺的仍然是创新人才。相比于资源密集型的"开发商"和资金密集型的"投资商"，"服务商"属于人才密集型导向企业，支撑"服务商"市场化运营逻辑的正是一支专业化、复合型人才队伍——作为一个多元集团化企业，中发展一方面需要专业化人才深入创新创业一线，从事园区运营建设、债权融资、股权投资等领域工作；另一方面，这些工作往往要求从业人员在复杂科技成果转化情境下寻找投资机会和应用场景的同时处理好潜在风险。这有利于打造一支有知识、有能力、有经验的复合型人才队伍——通过敏锐捕捉创新要素与特定生产要素、生产情境之间的"弱关联"，从而搭建起"强关联"的科技研发、成果转化和产业化创新链体系，实现为初创科技型企业提供跨生命周期服务的同时推动中发展体系跨业务板块营收和利润的均衡增长。此时的"成己达人"情怀是中发展因复合型创新人才队伍而盛，与国家科技自立自强使命同脉搏，共心声。

📎 信息拓展

"要找准差异化定位，做政府想做但不能做，完全市场化的企业不愿做也做不好，在创新创业体系中又必不可少、必须有人做的事情。"

——《2021 年度集团经营工作报告》

"集团是大家干事创业的舞台，也是大家最坚强的后盾，要相信组织的力量，集团将一如既往、旗帜鲜明地为担当者担当、为负责者负责、为改革创新者撑腰鼓劲。'四位一体'理念是集团不变的价值追求，集团将进一步突出国企社会责任担当，让政府和社会更加满意，让企业经营更可持续，让股东实现更多回报，让广大员工有更多、更实在的获得感。"

——《2022年度集团经营工作报告》

"强化园区空间的基础设施属性，深入探索'空间+投资+服务'的实现路径，以入园企业为中心，延伸服务链，提升服务收入比重，逐步建立新型商业模式。"

——《2020年度集团经营工作报告》

下 篇

中关村发展集团服务高精尖产业典型案例

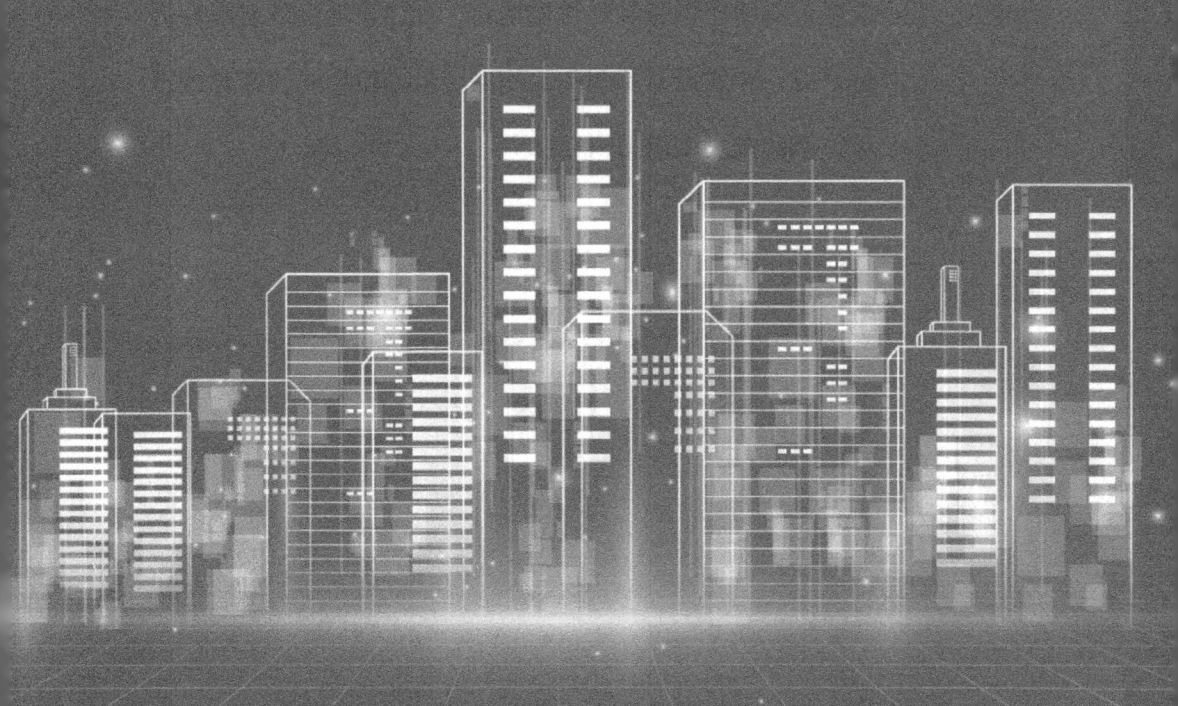

通过梳理中发展服务高精尖产业典型案例，我们发现中发展作为北京市整合创新资源的市场化平台，通过提供"全周期""一站式""管家式"创新生态集成服务，推动集成电路、人工智能、医疗器械等优势高精尖产业培育孵化发展，取得了显著成效。我们认为，科创平台服务属地产业应注重普惠性和针对性相结合，专注于培育发展属地优势产业，中发展从事相关工作的经验成效为其他区域践行创新驱动发展战略提供了参考。

第八章
集成电路设计产业：电子心脏

集成电路被喻为"现代工业的粮食"，是支撑经济社会发展的基础性、战略性、主导性产业，更是保障国家信息安全的重要支撑。中发展自2010年成立以来，积极响应国家集成电路产业发展的大战略，牢牢把握首都城市战略定位，对具有"战略性、基础性和先导性"的集成电路产业进行布局。围绕集成电路设计、制造、材料和设备等产业链环节，打造共性服务平台，发挥资本基石作用解决企业融资难题，培育了一批具有发展潜力的高成长企业，助力国家、北京及中关村集成电路产业的高质量发展和首都科技创新中心建设。

8.1 来时路：美国引领集成电路产业，中国激流勇进

早在20世纪40年代，美国贝尔实验室首先发明了晶体管，奠定了集成电路产业发展的基础。在20世纪50—70年代，多个集成电路公司在美国成立。1956年仙童公司成立，1967年美国应用材料公司（Applied Materials）成立，1968年英特尔（Intel）成立，标志着集成电路产业进入"从0到1"阶段。

从20世纪80年代开始，集成电路产业进入发展快车道。1984年美国颁布了国家合作研究方案（NCRA），重点支持国防领域集成电路的发展。1987年，美国IBM、德州仪器（TI）和惠普（HP）等13个成员发起成立了集成电路制造技术研究与开发战略联盟。以此联盟为核心，美国逐渐形

成政府、国家研究机构、大学、民间研究机构及企业的联合创新体系。这一体系在美国集成电路产业发展中发挥了突出的推动作用，推动着集成电路技术从研究机构及实验室，向企业及产业界扩散转移的产业发展路径。

我国第一代单片集成电路诞生于20世纪60年代，但此后发展较为缓慢，严重滞后于美国、日韩及欧洲等地。为了加速集成电路产业发展，2000年6月，国务院发布《鼓励软件产业和集成电路产业发展若干政策》，中星微电子、中芯国际、展讯等集成电路企业相继成立。2014年，国家出台《国家集成电路产业发展推进纲要》并成功发起国家集成电路产业投资基金一期，将半导体产业新技术研发提升至国家战略高度。为配合国家战略大方向，北京市于2014年设立北京市集成电路产业发展股权投资母基金，重点支持集成电路产业中设计、制造、封装、测试、核心装备等产业关键环节重点项目的投资。2019年，国家集成电路产业投资基金成立二期基金。各级政府政策的不断出台，以及国家集成电路母基金和北京市集成电路基金的成立，为集成电路行业的发展提供了强有力的支撑和助力。

中关村发展集团在服务集成电路产业上一直保持与国家战略高度匹配，并对产业发展趋势持续追踪，梳理产业图谱，形成对产业发展规律的深刻理解。十年来，中发展构建起面向集成电路领域专业、集中、高效的全周期产业服务体系，通过优化服务、升级空间和耐心资本，打通集成电路技术链和产业链绿色通道，打造了中发展在集成电路行业内的"金字招牌"。

8.2 向何行：产业图谱透视集成电路产业"四高"特征及趋势

8.2.1 集成电路产业图谱

集成电路产业链主要包括设计、制造、封测三大环节。制造及封测过程中所需的集成电路设备及相关化学及电子材料也是产业链的重要环节，见图8-1。

产业链	芯片设计	芯片制造	芯片封测	半导体材料	半导体设备
技术环节及代表性企业	EDA 西门子synopsys Cadence 华大九天 *北京芯愿景	芯片制造 Intel Global foundry 德国仪器 三星 台积电 *中芯国际 长江存储 华虹半导体	封装 日月光 长电科技 通富微电 华进半导体 华峰测控	硅晶圆 信越化学 住友化学 *北京奕斯伟 上海新昇	光刻设备 ASML 上海微电子
				光刻胶 JSR 信越化学 上海新阳 南大光电	刻蚀设备 泛林半导体 应用材料 *北方华创 中微半导体
	IP核 ARM 杭州中天微 寒武纪	芯片制造工艺 IMEC 德国仪器 ADL *摩尔精英 *北京芯愿景 沈阳芯源 *北方集成电路 技术创新中心	测试服务 日月光 长电科技 华天昆山 深圳华测	溅射靶材 霍尼卡尔 普莱克斯 有研新材 江风电子	抛光设备 应用材料 北京烁科
	芯片设计 Intel AMD 高通 华为海思 上海兆芯				清洗设备 迪恩士 盛美半导体 至纯科技
				特种气体 空气化工 新林德 中船重工	离子注入设备 应用材料 中信科 凯世通
	芯片设计服务 *中关村芯园 *电子城IC服务 摩尔精英 上海灏谷	流片与封测服务平台 *中关村芯园 *电子城IC服务 摩尔精英 上海灏谷		抛光液 空气化工 新林德 安集微电子	涂胶显影设备 东京电子 沈阳芯源

图 8-1 集成电路产业链及代表企业
资料来源：中关村产业研究院整理

设计部分可细分为芯片设计、半导体 IP 核（Intellectual Property Core）、EDA 设计软件及芯片设计服务。芯片设计是指规划电路功能、设计电路图、芯片上的电路布局布线，以及整个芯片设计的检查验证。芯片设计服务是指为其他芯片客户提供集成电路设计代工服务，如中关村芯园、上海灏谷等均提供此类平台性服务。EDA 是芯片设计软件工具，也是芯片设计与生产的核心，目前国内 EDA 市场高度依赖国外，国产化率极低。就竞争格局而言，Synopsys、Cadence 和 Siemens EDA 为我国主要三大 EDA 供应商，合计营收市场份额占比近 80%，国产厂商占比不到 15%，其中华大九天为国内 EDA 龙头。半导体 IP 核指已验证的、可重复利用的、具有某种确定功能的集成电路模块。IP核能够帮助降低芯片开发的难度、缩短芯片的开发周期并提升芯片性能。

芯片制造指集成电路的生产服务，主要包括扩散、薄膜生长、光刻、刻蚀、离子注入、抛光等工序，对应设备主要有光刻机、刻蚀系统、清洗设备、离子注入机、抛光机等。芯片制造工艺指针对芯片制造进行工艺上的研发及分析，包括利用光学/电子显微镜、离子刻蚀机、显微图像采集处理软件等，对集成电路产品进行平面分析、纵向结构分析和成分分析等。

芯片封装是为芯片客户把晶圆上的半导体集成电路，用导线及各种连接方式，加工成含外壳和管脚的可使用的芯片成品，起着安放、固定、密封、保护芯片和增强电热性能的作用。芯片测试是为芯片客户进行集成电路晶圆测试、成品测试、可靠性试验和失效分析等工作。

流片与封测平台服务指为中小型芯片客户提供MPW（Multi-Project Wafer）服务（将多个具有相同工艺的集成电路设计放在同一圆片上，再去对接芯片制造商进行流片、封测）或Full-Mask服务（为一个集成电路设计对接芯片制造商流片、封测），另外还提供生产工艺咨询、工艺验证、版图拼接、划片、良率跟踪、失效分析等技术服务。

半导体材料主要包括硅晶圆、光刻胶、抛光液、溅射靶材、特种气体等。

半导体设备主要包括光刻机、清洗设备、刻蚀设备、抛光设备（CMP）、涂胶显影设备、离子注入设备等。

从产业链环节分工来看，美国在多个细分领域占据显著优势，尤其在EDA、IP、芯片设计、芯片制造设备等领域占比均达到40%以上；位于英国的ARM公司在半导体IP核的市占率超过40%；位于荷兰的ASML在光刻机领域的市占率近90%，在14纳米制程以下处于绝对垄断地位；日本在集成电路材料及部分集成电路设备方面具有较强优势，中国台湾和中国大陆在晶圆制造和封装测试方面占据主导地位。

我国在集成电路封测领域发展最快，长电科技、通富微电作为全球封测前十企业，近年来推动中国封测产业链逐渐成熟，缩小了与国际先进水平的差距。在集成电路制造领域，中芯国际、长江存储、合肥长鑫等企业发展较快，其中，中芯国际市场占有率稳定在全球前五位。在集成电路设计、设备及材料领域，我国也涌现出一批创新创业企业，但企业规模尚小，与国际领先企业差距较大。

8.2.2 我国集成电路产业高速增长，但自给率偏低

过去十年里，我国集成电路产业保持两位数的高速增长，且增速持续高于全球平均增速。根据中国半导体行业协会统计，2021 年中国集成电路产业销售额达到 1.05 万亿元，同比增长 18.2%。其中，集成电路设计业销售额为 4519 亿元，同比增长 19.6%；制造业销售额为 3176.3 亿元，同比增长 24.1%；封装测试业销售额 2763 亿元，同比增长 10.1%。我国集成电路销售额占全球的比例不断上升，2021 年占全球比例约 33%，较 5 年前上升 10 个百分点，见图 8-2。

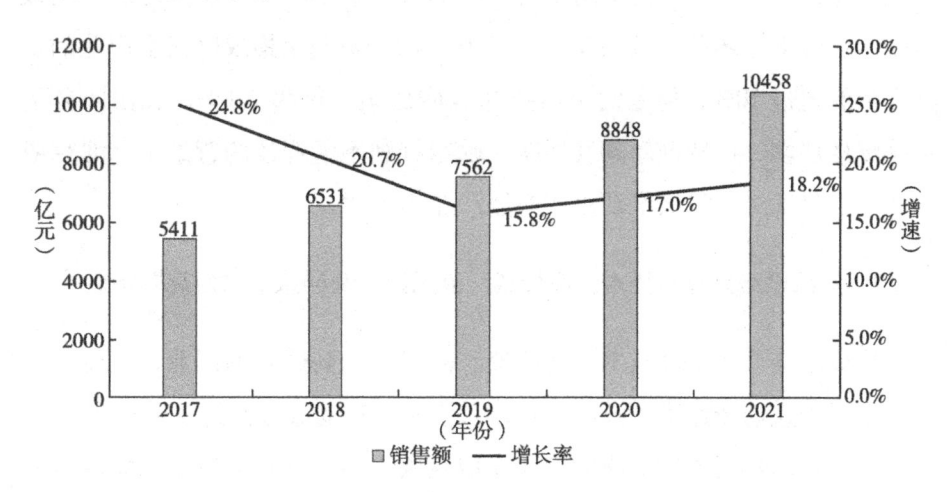

图 8-2 2017—2021 年中国集成电路产业销售额及增速
数据来源：中国半导体行业协会官网公布的中国集成电路产业历年运行情况

我国虽然是集成电路的最大消费国，然而国内自给能力亟待提升，目前仍需要大量进口，贸易逆差较大。根据中国海关总署的数据，2021 年中

国集成电路进口金额 4326 亿美元，出口金额 1538 亿美元，贸易逆差 2788 亿美元，较上一年扩大 450 亿美元。根据 IC Insights 的数据，2021 年中国大陆 IC 自给率约为 16.7%。

从我国集成电路产业的市场格局来看，目前我国集成电路产业集群化分布进一步显现，已初步形成以长三角、环渤海、珠三角三大核心区域聚集发展的产业空间格局。长三角已经初步形成了从集成电路设计、生产、测试，到材料及装备较完整的产业链。包括北京、天津、河北、山东、辽宁等省市的环渤海地区是国内重要的集成电路研发、设计及制造基地。珠三角是国内重要的电子整机及集成电路器件制造市场，集成电路市场需求占比全国 40%以上。这些地区经济水平相对较高，科技研发资源丰富，市场需求旺盛，未来还将继续是我国集成电路产业的重要研发、生产及消费区域。

北京作为我国集成电路产业发展的核心区域之一，2020 年集成电路产业规模超过 900 亿元，占全国总规模的 10%。其中，设计业作为北京集成电路产业的支柱环节，虽然在"十三五"时期对北京集成电路全产业的贡献度依然超过 50%，但是发展增速却有所放缓，仅为 2.6%。在国际环境不确定性加剧、科技创新越发活跃、政策红利不断释放的背景下，北京亟须依托自身优势，积极推动集成电路产业生态建设。

8.2.3　集成电路具有高技术、高投资、高风险、高回报的"四高"特点

集成电路产业是高技术、高投资、高风险、高回报的产业，对创新生态，包括企业创新速度、政府支持以及资本的推动等方面的要求较高。

中国台湾地区集成电路的产业发展经验表明，具有竞争力的集成电路产业需要企业自发进行创新。1987 年成立的台积电（TSMC）通过创新商业模式，为芯片设计公司提供晶圆代工服务，打破了 IDM（Integrated Device Manufacture，集成器件制造）模式独占市场的格局，发展成全球最大的半导体公司之一。

美国集成电路产业发展经验表明，政府在集成电路产业发展中扮演的不仅仅是风险投资的角色，更重要的是对产业生态的培育。1976年美国国防部高级研究计划局（DARPA）资助了一份关于攻克半导体小型化挑战的报告，同时还资助了相关实验室研究和系列研讨会，这一努力极大地刺激了美国集成电路产业的发展，使美国建立起一个强大的芯片设计软件产业。目前芯片设计软件的两大公司Synopsys及Cadence均来自美国，占据全球超过50%的芯片设计软件市场份额。近年来，美国认为提升半导体制造的实力对其经济竞争力和国家安全至关重要，为此出台了一系列政策举措。不仅如此，美国还通过加强与盟友的合作、遏制我国芯片发展等措施，促进美国芯片产业的领先发展。见表8-1。

表8-1　近年来美国出台的集成电路相关的政策措施及资金支持方案

时间	美国出台的政策措施及资金支持方案
2020年12月	美国国会颁布了《CHIPS法案》，以帮助美国重建半导体制造能力，并通过工业界、联邦科研机构、国家实验室和学术界之间的新伙伴关系，推动美国半导体研究和创新
2021年1月	美国国会通过国防授权法案（NDAA），其中包含名为《为美国创造有力的半导体生产激励措施（Creating Helpful Incentives to Produce Semiconductors for America, CHIPS for America）》的立法，授权一系列计划以促进美国境内半导体的研究、开发和制造
2021年4月	美国白宫召开"恢复半导体和供应链首席执行官峰会"，拜登提出通过加大对美国芯片投资、设计和研究的投入以增强美国在半导体领域的领导地位
2021年6月	美国参议院提出《促进美国制造半导体法案》（Facilitating American-Built Semiconductors, FABS），提议给予芯片制造商25%的制造设备和设施投资税收抵免
2022年2月	美国众议院通过《为芯片生产创造有益的激励措施法案（Creating Helpful Incentives to Produce Semiconductors, CHIPS）》，将创立美国芯片基金，拨款520亿美元用于加强美国半导体制造和研究

续表

时间	美国出台的政策措施及资金支持方案
2022年7月	美国参议院和众议院通过《芯片和科学法案》（CHIPS and Science Act 2022）；8月，美国总统拜登正式签署该法案，计划在5年内投资2800亿美元，使美国在全球技术优势竞争中领先于中国。其中，法案将在5年内为半导体行业提供527亿美元资金。其中390亿美元将直接用于制造业补贴，132亿美元用于研究和劳动力发展，20亿美元用于汽车和国防系统中使用的传统芯片，5亿美元用于国际信息通信技术安全和半导体供应链活动。并为高科技制造商提供240亿美元的税收抵免。法案还向半导体行业提供了25%的投资税负抵免优惠，覆盖半导体生产以及相关设备的资本开支

8.2.4 集成电路产业发展趋势

1. 集成电路先进制程门槛越来越高

集成电路制程的进步使得集成电路上的单个晶体管体积更小，能耗更低。但目前半导体制程工艺的进步已经越来越困难，导致实现先进制造的厂商的技术门槛高企。在65nm制程阶段，全球有近20家企业可以实现量产，但到了7nm及5nm领域，世界上只有台积电、三星、Intel等几家企业具备量产的工艺技术。未来随着制程进一步减小，工艺难度进一步提升，制程的研发和产线投入越来越大，集成电路的制程门槛越来越高，市场竞争正在进入白热化。

2. 集成电路产业的后摩尔时代值得关注

随着晶体管中原子数量越来越少，种种物理极限制约着摩尔定律的进一步发展，因此，后摩尔时代概念随之而出。在后摩尔时代的主要发展方向：一是将模拟电路、射频电路等与逻辑电路通过封装形式完成集成，使集成电路具备更多、更广的功能。二是以全新架构、材料、工艺制作的集成电路。在后摩尔时代，应重点关注新一代超大规模集成电路设计方法学、可重构计算等新一代智能计算技术，以及硅光/光子集成电路、智能微系统、柔性电子、区块链新型算力技术、量子芯片等领域。

3. 我国在集成电路产业领域的自主可控变得至关重要

近年来，以美国为首的西方国家开始对我国的集成电路产业进行围追堵截，包括限制对中国通信巨头华为的芯片供应，将华为等企业列入高科技企业限制名单等。2022 年 6 月，美国出台《芯片与科学法案》，明确写到禁止接受联邦奖励资金的企业在中国等对美国国家安全构成威胁的特定国家扩建或新建某些先进半导体的新产能，期限为 10 年。2022 年 10 月 7 日，美国商务部工业和安全局（BIS）发布了新的芯片出口管制措施，提出美国供应商若向中国本土芯片制造商出售尖端生产设备，生产 18 纳米或以下的 DRAM 芯片、128 层或以上的 NAND 闪存芯片、14 纳米或以下的逻辑芯片，必须申请许可证并将受到严格审查。美国还联手欧洲、日本、韩国以及中国台湾的合作伙伴，企图通过控制欧日韩和中国台湾在集成电路领域的关键资源、关键技术和关键供应链，将中国孤立在全球供应链体系之外。这使得国际企业在我国的技术溢出和人才培养贡献将显著减小，集成电路领域自主安全变得至关重要，我国迫切需要加强对集成电路领域的关键核心技术的攻关，确保集成电路产业链、供应链的安全可控。

8.3 中发展创新生态服务"三板斧"促 IC 设计产业首都汇聚

从 2010 年开始，中发展肩负着服务集成电路产业创新的使命，紧紧围绕集成电路生态链，以投资为牵引，以专业园区为依托，以深度服务为手段，积极推动资本链、园区链、服务链与产业链、技术链的有机融合，率先在集成电路领域实现了集空间、资本、科技服务于一体的专业化、精准化集成电路产业"芯"生态建设，树立起了以服务驱动产业集聚和创新的发展新典范。

8.3.1 率先成立国内首个专业集成电路设计园区：中关村集成电路设计园

2014 年，北京市为落实国家集成电路发展战略，推出了"北设计，南制造"的规划布局。为承接"北设计"职能作为，中发展在国内成立首个专业集成电路园区：中关村集成电路设计园（IC PARK）。

2015年2月，北京中关村集成电路设计园发展有限责任公司成立。当年5月，中关村发展集团与北京首都创业集团有限公司签约，联手共建中关村集成电路设计园。

2018年11月，中关村集成电路设计园开园。比上海、无锡同类园区提前1~2年进入运营期。图8-3为未来科技园区想象图。

IC PARK周围10千米范围聚集了40余所高校、200多家科研院所、60多个国家重点实验室、近30个工程技术研发中心，科创及人才资源丰富。园区总建筑面积22万平方米，其中商业配套2万平方米，配置了国际会议中心、图书馆、IC科技馆及员工食堂。距离园区2千米建设了面积超过30万平方米的人才公寓，定向分配园区人才，且租金低于周边均价。

目前，IC PARK已经累计完成固定资产投资48.6亿元，聚集了包括比特大陆、兆易创新、兆芯、文安智能在内的100多家集成电路企业，贡献税收约50亿元，总产值近300亿元，占北京市芯片设计总产值近一半，占全国10%，在规模上已经快速成长为首都第一、国内领先的集成电路专业园区，成为国内集成电路领域领军型品牌园区。蔡奇书记于2019年视察园区时充分肯定了IC PARK在承载集成电路国家战略和支撑北京科创中心建设中所发挥的作用。"十三五"时期中发展通过园区培育落地的集成电路产业对全市收入贡献接近30%，对全市集成电路设计业收入贡献超过50%，对全市集成电路创新创业贡献度超过80%，成为北京重要的集成电路产业创新承载。图8-3为未来科技园区想象图。

8.3.2 发挥国有资本基石作用，勇担集成电路投资重任

集成电路产业呈现出人才密集、技术密集、资金密集的特点，产业发展面临较大的技术、市场以及经营风险，且需持续大额的资本投入，社会资本不愿过多介入此领域，出现了技术与资本对接的"投资空白"。中发

图 8-3　未来科技园区想象图
资料来源：作者使用百度"文心一言"AI画图功能绘制

展作为国有资本投资机构，积极发挥市场化平台作用，注重集成电路巨大的产业带动效应，优先投资于对产业的带动力和影响力大的优质企业，以制造环节为突破，推动半导体制造先进工艺在京落地，培育壮大北京市半导体设计企业，并向半导体材料延伸，形成中发展投资多环节布局并突出扶持集成电路设计业的产业链投资风格。在投资方式上，中发展通过代持政府统筹资金、自有资金以及基金等投资手段，辅以融资租赁、担保等金融服务，以资本助力产业领军企业做强做大，为北京集成电路产业的高质量发展和生态化建设奠定了非常重要的基础。

2010年，国务院发布《关于加快培育和发展战略性新兴产业的决定》，将集成电路产业放在重点聚焦的发展领域。中发展自2010年成立之后，为贯彻国家及北京市集成电路产业发展战略，对集成电路设计企业兆易创新完成了首批委托贷款附认股权项目投资，向兆易创新发放委托贷款2000万元。当时，兆易创新身处困境，急需资金支持企业新产品研发和量产。在其自救无门的情况下，中发展挺身而出，以自有资金出资2000万支持国有芯片设计企业的发展，帮助兆易创新流片成功，跨越企业发展的死亡谷，助力公司逐渐成长为集成电路设计领域的"领头羊"。

2013年，中发展与中芯国际集成电路制造有限公司、中芯国际集成电路制造有限公司北京公司、北京工业发展投资管理有限公司就合资建设北京12英寸集成电路生产线项目签署合资协议，共同出资设立中芯北方集成电路制造（北京）有限公司。中发展投资中芯北方集成电路制造（北京）有限公司约3.32亿元，投后股比为2.25%，其中自有资金投资2.32亿元。

2014年，为进一步落实《国家新兴战略产业发展规划》，培育集成电路产业全产业链条，加快推进集成电路产业整体升级，中发展配合北京市发展改革委设立了"北京市集成电路产业发展股权投资基金"，成为国内首只政府设立的集成电路产业股权基金。当年7月，中发展和北京盛世宏明投资基金管理有限公司共同出资成立北京集成电路产业发展股权投资基金有限公司（集成电路母基金）。2014年6月，中发展以10亿元人民币支持紫光集团收购锐迪科微电子有限公司，合并成立的紫光展锐是世界第三大拥有自主知识产权的手机基带芯片制造商。

2015年，中发展瞄准全球第三大CMOS芯片设计公司北京豪威科技有限公司，出资约13亿元人民币完成了豪威私有化。后续通过资产注入韦尔股份的方式，推动豪威和北京思比科微电子技术有限公司的整合，该整合不仅可以充分发挥豪威和思比科的协同作用，打造成为CMOS图像传感芯片领域的行业巨头，还提升了我国在高端图像传感器设计领域的整体水平；完成收购后的韦尔在销售和技术方面接近世界一流水平，也成为中国最大的半导体显示器件的制造商，世界排名第三，进一步巩固了北京在核心芯片设计领域的优势地位。

2016年，集成电路母基金与启航基金共同投资忆芯科技项目，并协助中芯北方完成国家大基金和亦庄国投的增资。同年年底，推进子基金所投项目豪威科技、忆芯科技、文安智能、兆易创新等落户集成电路设计园。

2017年，中发展集成电路设计与封测子基金投资上海博通、恒玄科技，支持其成为国内显示驱动、射频、音频芯片领域的头部企业。

2018年，中发展完成设立尖端芯片子基金、制造和装备二期子基金。设计与封测子基金投资的思立微定增到兆易创新，增强兆易创新在移动终端传感器SoC领域的实力，进一步稳固兆易创新的行业龙头地位。同年，中关村创投与中关村集成电路设计园组建"轻资产、强服务"工作专班，共同探索"空间+投资+服务"创新模式，并完成首单认股权项目协议签署。

2019年，中关村发展集团旗下首只园区主导的行业基金——IC PARK芯创基金成立。同时，中关村创投加大认股权创新业务合作，新增北京银行为认股权业务合作机构，合作协议签署落地并开展项目对接。与中关村集成电路设计园多家企业的认股权合作协议，并协助中关村集成电路设计园开展园区企业管家培训工作，充分对接投资增值服务资源。

截至目前，集成电路母基金及中发展科技金融板块累计在集成电路领域投入超过164亿元，积极推动建立IC PARK"认股权池+基金"投资模式，与24家园区企业签署认股权协议。表8-2为中关村发展集团集成电路产业链投资布局（部分）。

表8-2 中关村发展集团集成电路产业链投资布局（部分）

环节	企业名称
制造	中芯国际集成电路制造（北京）有限公司
	中芯北方集成电路制造（北京）有限公司
	中芯集成电路（宁波）有限公司
	北京瑞通芯源半导体科技有限公司

续表

环节	企业名称
设计	恒原百炼微电子（北京）科技有限公司
	灿芯创智微电子技术（北京）有限公司
	芯锋宽泰科技（北京）有限公司
	北京紫光展锐科技有限公司
	北京凡达讯科技有限公司
	北京威讯紫晶科技有限公司
	北京兆易创新科技有限公司
	易美芯光（北京）科技有限公司
	北京忆芯科技有限公司
	贵州中科汉天下微电子有限公司
	苏州慧闻纳米科技有限公司
	南昌八零微电子技术有限公司
	北京有感科技有限责任公司
	至誉科技（武汉）有限公司
	合肥睿科微电子有限公司
	美芯晟科技（北京）有限公司
	新港海岸（北京）科技有限公司
	上海晟矽微电子股份有限公司
	上海韦尔半导体股份有限公司
	上海箩箕技术有限公司
	北京麦哲科技有限公司
	北京华创芯原科技有限公司
	北京豪威科技有限公司
	唯捷创芯（天津）电子技术股份有限公司
	博通集成电路（上海）有限公司
	恒玄科技（上海）有限公司
	上海思立微电子科技有限公司
	北京集创北方科技股份有限公司
	北京朝歌数码科技股份有限公司
	广东乐芯智能科技有限公司

续表

环节	企业名称
设备	北京中科信电子装备有限公司
	中国科学院微电子研究所
	中国科学院光电研究院
	圆融光电科技有限公司
材料	安集微电子科技（上海）有限公司
	无锡帝科电子材料科技有限公司

8.4 集成电路投资布局案例1：中芯北方

中芯国际作为世界集成电路第五名的代工企业，是国内屈指可数的集成电路制造企业，但集成电路制造产业的投资特点是周期长，风险高，投资大，社会资本难以支撑。中发展积极发挥国有资本的基石作用，及时参与了中芯国际子公司中芯北方集成电路制造（北京）有限公司（以下简称"中芯北方"）的设立，推动中芯国际的二期项目"28纳米生产线"在京落地。中芯二期项目属于国家以及北京市鼓励发展的重点产业领域。2013年，北京市经济和信息化委员会委托中关村发展集团代持市重大科技成果转化和产业化项目统筹资金1亿元支持28纳米电路生产线项目。同期，中关村发展集团自有资金出资2.4亿元，共同支持中芯北方28纳米工艺生产线在北京落地。

中发展对中芯北方的投资，体现出中发展克己达人的产业扶持精神，在利益分配面前，中发展有"牺牲短期小利益，成就企业大发展"的定力，一切为了产业发展，割舍自身利益，助力企业再发展。在投后服务中，中发展充分发挥其自身特点为企业提供多元化的增值服务。比如，在公司面临人才引进乏力的局面时，由中发展出面，协助企业向海淀区政府争取北京市户口指标名额；在公司谋求扩大经营规模时，中发展积极协助开展项目选址工作，加快推动重点科技项目成果转化落地进程。

中发展对中芯北方的投资，也是中发展集中力量投资和服务重大项目落地的策略的实践。通过投资中芯北方的 28 纳米工艺生产线重大项目，明显提升了北京集成电路制造水平和规模，不仅更好地服务了北京市集成电路设计企业，也吸引了更多集成电路设计公司落户北京，为北京市半导体装备、材料及工艺开发提供先进的支撑平台。另外，中发展对中芯北方的投资，也体现出"抓龙头"的投资思路，通过投资中芯北方这一龙头企业，积累形成宝贵的产业资源，同时不断汲取行业的前沿信息，提升对行业发展的洞察力，逐步形成中发展的投资脉络，继续围绕集成电路设计、制造、材料等领域的龙头企业，挖掘优质项目。比如，中发展在投资中芯北方后，向产业链上游延展，投资捕捉到了集成电路材料领域的重点企业安集微电子。

8.5　集成电路投资布局案例 2：安集微电子

国内芯片制造业的不断发展，带动先进工艺对高端光刻胶的需求不断增大。因技术受限，中国 60% 的光刻胶以及 90% 的抛光液需要进口。为了推动产业发展，打破国外巨头垄断，实现国产替代势在必行。中发展秉持"抓龙头"的投资思路，投资聚焦细分领域龙头企业。安集微电子科技（上海）股份有限公司（以下简称"安集微电子"）是材料领域的佼佼者，中发展于 2016 年出资 640 万元投资安集微电子，支持集成电路材料领域的突破。

安集微电子成立于 2006 年 2 月，是一家专门从事关键半导体材料研发和产业化的公司。公司核心技术人员曾多年在海外以及国内从事集成电路领域化学机械抛光液和光刻胶去除剂配方研发、应用工艺开发和设备耗材研究，具有丰富的产品研发经验。投资时，公司的产品主要应用于集成电路制造和先进封装领域。其中，化学机械抛光液已在 130~28nm 技术节点实现规模化销售，主要应用于国内 8 英寸和 12 英寸主流晶圆产线。中发展投资后，公司经营业绩逐步上升，并于 2019 年在上海证券交易所科创板成功上市，实现了技术目标和经济目标的双丰收。该公司打破了国外厂商对集成电路领域化学机械抛光液的垄断，实现了进口替代，使中国在该领域拥有了自主供应能力；也弥补了中国集成电路材料领域的短板，成为产业链发展环节中的有力支撑。

中发展对安集微电子的投资体现出聚焦高精尖环节的产业链投资策略，通过对集成电路产业链的系统分析，选择性地投资产业链上的关键节点环节及重点企业。集成电路材料环节的市场几乎由日本企业垄断，中发展对安集微电子的投资解决了企业融资难的问题，助力安集微电子打破了国外垄断，对我国集成电路产业链的完善和集成电路材料环节的自主可控起到重要推动作用。

对安集微电子的投资也体现出中发展在扶持高科技企业的过程中勇于担当的创新精神。中发展作为国有大型企业，在项目出资时，须履行国有资产相关管理办法，从而延缓资金到账进度，但企业的发展不等人。面临一边是企业急迫的融资需求，一边是国有资产严格的管理制度，中发展在项目出资时陷入了两难。为了帮助企业快速获得急需的资金，中发展上下群策群力，共同发挥智慧，通过实践摸索出了一条新道路，为中发展投资创造了条件，彰显了中发展的大智慧，激发了投资的活力。

8.6 构建全周期、一站式、管家式的集成电路专业服务体系

过去十年里，中发展构建起北京首个涵盖人才、资本、技术、孵化等全要素、全生命周期的高水平集成电路产业促进服务体系。人才方面。考虑到集成电路产业对人才素质要求较高，早在2013年，中发展就启动了"国家软件园与集成电路人才国际培训基地"的建设。目前，IC PARK已经成为北京市规模最大、资源最集中的集成电路专业人才培训基地和服务载体。中关村创新研修学院集成电路设计园芯学院由中关村集成电路设计园联合六所在京示范性微电子学院和北京市半导体行业协会、赛迪智库、中关村芯园、安博教育、摩尔精英共同发起成立，旨在落实国务院加快深

化产教融合的要求，加大北京市集成电路人才培养力度，搭建高校与企业人才培养和成果转化的桥梁，培养集成电路领域复合型人才。园区还设立了中关村集成电路设计园人才产业化联盟，通过搭建人才产业化平台，促进企业与政府、企业与园区、企业与企业之间交流，整合各方面资源和政策支持，为会员单位做好服务。

共性技术平台方面。为完善集成电路产业生态，降低创新创业企业成本和投资风险，2015年中发展设立中关村芯园（北京）有限公司，打造中关村芯园公共技术服务平台。在IC设计的研发过程中，中关村芯园提供芯片代加工、EDA工具和IP库技术服务等，协助客户完成工艺评估、设计流程建立、IP选择，提供技术支持等服务，降低流片风险和投入成本，推动产品批量生产和上市。

2016年，中关村芯园公司完成北京集成电路设计园有限责任公司公共服务平台政府资质的授权转移，承接北京集成电路设计园科技部挂牌的"国家集成电路设计北京产业化基地"和"北京国家现代服务业集成电路设计产业化基地"，延续北京集成电路设计园公共服务平台作为全国"8+2"国家级集成电路设计产业化基地资质与服务功能，转移、承接北京市外贸转型升级基地挂牌的"北京市海淀区集成电路设计基地"，转移、承接中关村开放实验室平台资质。中关村芯园获得与EDA供应商Cadence、Mentor，生产代工服务商中芯国际、台积电、华润上华等5个核心服务供应商的合作资质。

2017年，中关村芯园公共技术服务平台业务运营结构显现均衡趋势，代工业务比重下降，EDA工具、IP库技术服务、封装业务快速增长，平台发展更加稳健。平台服务客户项目向先进工艺转移；各前沿应用领域均衡增长，SoC芯片设计企业迅速增长，应用于高性能服务器、汽车电子、智能传感器、人工智能、物联网等前沿领域。获得国家高新技术企业认证，形成高新技术企业研发管理模式。8月，中关村芯园被认定为"国家高新技术企业"。

2019年，中关村芯园公共技术服务平台体系更加完善。围绕集成电路设计企业在产品研发过程中的共性需求，提供"一站式"全产业链服务，包括EDA软件许可租赁服务、硅IP授权服务、芯片生产代工、封装测试、IC技术培训、IT外包、定制设计外包服务等，覆盖集成电路设计企业产品研发的核心需求。

2020年，集团与中关村芯园合资成立首个混合所有制创新孵化机构——芯创空间孵化器，总建筑面积6.7万平方米。该孵化器是中关村集成电路设计产业生态的重要组成部分，聚焦集成电路设计产业，主要面向中小微企业，打造轻资产、专业化的集成电路设计产业孵化服务平台，提供创新孵化服务共同培育集成电路初创团队，目前入孵企业有核芯互联、森海晨阳、中科芯蕊等近50家。

近期，中发展积极推动建立了北京市首个集成电路产业央地合作平台。中发展和智芯微电子、北控、通号等企业共同出资设立北京市工业芯片创新中心及其运营平台芯海择优公司，并落地IC PARK。芯海择优目前已经将7家北京市集成电路企业50余款芯片、100余家国内集成电路企业1200余款芯片，共计60万颗国产芯片成功带入电力和轨道交通领域，成功实现国产替代。这标志着中发展在联结北京市集成电路企业与中央企业合作、融合北京市和国内集成电路产业创新资源等方面探索出了新模式和新路径。

为促进集成电路领域的资源链接，中发展积极组织行业论坛、沙龙等活动。2017年，中发展举办了具有中关村特色的中国集成电路设计年会，1000余家企业机构、2000余人出席会议，成为中国集成电路设计年会（ICCAD）有史以来规模最大、具有中关村特色的行业年会。全年在园区展示中心共举办20余场行业沙龙、论坛等活动。

2018年，中发展依托IC PARK创立了首个中关村集成电路峰会品牌——"芯动北京"中关村IC产业论坛，建成北京市唯一一个IC科技馆。

目前，"芯动北京"中关村IC产业论坛已连续主办四届，累计参与人次超过3万人，链接企业、高校、行业协会、投资机构等创新资源超过千家，成为北京市规模最大的集成电路设计领域专业会议。

"一平台三节点"服务体系。为激活园区产业生态，加速龙头企业、独角兽企业、中小微创企业及科技成果转化项目落地园区，2017年中发展启动构建"一平台三节点"（即一个产业服务平台，人才、孵化、投融资三个节点）产业服务体系，与50多家机构建立平台合作关系，推出十大服务包和服务管家工作机制。同年，委托北京万科物业服务有限公司为物业服务公司。完成租赁意向面积1.02万平方米，租赁企业15家。兆易创新、北京兆芯等重点龙头企业签约入驻。该体系倡导服务差别化，根据企业发展阶段的不同需求，提供公益性、必需性、增值性三类差别化的服务方案。也是这一年，世界先进数字成像系统及解决方案的开发领导者豪威科技、人工智能自动驾驶国际领导者地平线、国内核电数字化控制系统企业广利核先后入驻园区。图8-4为中关村发展集团集成电路产业图谱。

图8-4 中关村发展集团集成电路产业图谱①

资料来源：中关村产业研究院整理

---

① 图中所标注企业为中关村发展集团提供过投资或专业服务的企业，基金为中关村发展集团成立或参与的基金。

"十四五"期间，中发展将紧紧围绕集成电路产业的技术链、产业链、空间链、资本链和服务链，通过推动产业空间高效拓展，增强世界级集成电路特色创新社区承载能力，通过构筑多层次的集成电路全周期基金生态体系，实现产业资本全链覆盖，通过以实现生态服务全面升级为目标，深化垂直产业服务能力，深入完善面向集成电路领域专业、集中、高效的全周期产业集成服务体系，推动中发展在集成电路领域具备国内外领先的创新资源配置能力，将中发展打造成具有一流水平的集成电路产业创新生态服务商。

第九章
人工智能产业：智慧大脑

人工智能是推动我国未来经济社会高质量发展的重要技术保障和核心驱动力之一，是引领新一轮科技革命和产业革命的战略性技术。为实现科技领域战略追赶以及推动经济社会高质量发展，我国将人工智能列为战略聚焦领域。自 2015 年起发布了系列重要政策，2017 年国务院正式印发《新一代人工智能发展规划》。中关村发展集团以"4+2"服务体系为主轴，聚合国内外人工智能产业优质创新资源，加快构建面向人工智能领域专业、集中、高效的产业服务体系，通过链接、投资、合作、共建等方式形成了一批人工智能共性技术服务平台，加快打造中关村软件园、中关村（京西）人工智能科技园，构建政、产、学、研、企联合开放的生态体系，助力国家、北京及中关村人工智能产业的高质量发展和首都科技创新中心建设。

9.1 来时路：技术创新、应用升级，人工智能产业引领新时代

1950 年，人工智能之父艾伦·图灵（Alan Turing）发表了一篇划时代的论文《计算机与智能》，文中预言了未来有可能创造出具有真正智能的机器。1956 年达特茅斯会议提出"学习或者智能的任何其他特性的每一个方面都应能被精确地加以描述，使得机器可以对其进行模拟"。会议上人工智能（Artificial Intelligenec，AI）被正式确立，人工智能学科就此诞生。1958 年，约翰·麦卡锡（John McCarthy）开发了 AI 编程语言 Lisp，并提出了一

个假设的完整的人工智能系统，能够像人类一样有效地从经验中学习。此后，麦卡锡先后在麻省理工学院成立人工智能项目和在斯坦福大学创立人工智能实验室。

1979年，福岛邦彦提出了卷积神经网络，首次实现了模式识别，福岛被认为是卷积神经网络发明者。1993年后，科学家们逐步明确要做实用性、功能性的人工智能，机器学习算法获得发展。1997年，IBM的深蓝（Deep Blue）击败了国际象棋世界冠军卡斯帕罗夫（Gary Kasparov）。1998年美国国家标准与技术研究所开始建立MNIST数据库中的图像集；同年，世界知名的互联网公司谷歌成立。次年，我国知名的智能语音和人工智能公司科大讯飞成立。

千禧年之后，现代人工智能的曙光再次出现，一批人工智能领域的应用公司蜂拥而至。2001年，专注于计算机视觉的人工智能应用型公司海康威视成立。2006年，谷歌杰弗里·辛顿（Geoffery Hinton）等人提出深度学习，他们认为深度学习几乎可以完全复制人类的智能。深度学习随即引发了最新的人工智能革命，并改变了整个计算机视觉领域。杰弗里·辛顿被誉为深度学习之父。2008年，谷歌在语音识别方面取得突破，并在手机的应用程序中引入了该功能。同年，科大讯飞上市，一举成为当时中国语音产业界唯一上市企业。2010年，海康威视在深交所挂牌上市，同年，人工智能科学家戴密斯·哈萨比斯（Demis Hassabis）创建DeepMind。

随着人工智能知识体系的完善，人工智能产业规模快速增长，技术带来的喜讯接连不断。2011年，苹果公司通过其iOS操作系统发布了人工智能驱动的虚拟助手Siri。同年，以人脸识别起家、以物联网作为人工智能技术落地载体的旷视科技成立。2012年，谷歌大脑深度学习项目的创始人吴恩达（Andrew Ng）使用深度学习算法为神经网络提供1000万个YouTube视频作为训练集。神经网络学会了在不被告知猫是什么的情况下识别猫，开创了神经网络和深度学习的突破性时代。2014年，蒙特利尔大学伊恩·古德费罗（Ian Goodfellow）发明了生成式对抗网络，人工智能公司商汤科技成立。2015 年，谷歌大脑团队开发出机器学习开源框架 TensorFlow，孵化于中国科学院的云从科技成立。2016 年，DeepMind 的 AlphaGo 击败了世界围棋冠军李世石。2020 年，DeepMind 人工智能系统"AlphaFold"参加了由结构预测关键评估组织（CASP）的一项如何计算蛋白质分子 3D 结构的竞赛，并且预测准确性达到前所未有的水平，目前 AlphaFold 算法构建的数据库中包含了超过 2 亿种已知蛋白质结构。2023 年 2 月，DeepMind 发布了基于 Transformer 模型的 AlphaCode，可以编写与人类相媲美的计算机程序。

人工智能技术结合到传统的产业当中，其价值主要体现在三方面：改变传统、赋能现有和孕育新生。在一些偏向于底层的软硬件设计中，人工智能技术改变了传统的通信模式和搭建框架，例如，传统传感器向智能传感器的演变，具有交互功能的 Web 网站在引入人工智能技术后，为用户提供千人千面的功能等；现有的行业插上人工智能的翅膀后，在降本增效方面有显著作用，人工智能赋能医疗，让影像学再上台阶，人工智能赋能交通，让高速畅通无阻；此外，随着技术的进步，一些新的领域出现，自动驾驶技术登上舞台，机器人也更具智能，有了智慧大脑，城市更具活力，新生事物层出不穷。

我国人工智能产业加速发展，从基础层、技术层到应用层的产业链条正在形成，产业集群初步显现。一批创新活跃、特色鲜明的创新企业加速成长，新模式、新业态不断涌现，整体呈现日新月异的新态势。

当前我国对于人工智能领域也非常重视，在产业结构升级的推动下，大量的科研资源都在向人工智能领域倾斜，不仅官方机构比较重视人工智能技术的发展，广大的科技企业也纷纷布局人工智能领域，其中大型互联网企业往往更加积极。

第一，人工智能开辟了新的价值空间。人工智能技术的发展能够开辟出一个全新的价值空间，这个价值空间体现在两个方面：一是大数据价值的体现；二是物联网价值的体现。大数据的价值在于数据的价值化，数据价值化的出口在于应用，而人工智能正是大数据应用的出口，所以大数据的价值在很大程度上需要人工智能技术来进行体现，这足以说明人工智能所蕴藏的巨大价值空间。物联网在5G时代将得到全面的发展，而物联网体系结构的最高层就是智能决策，所以人工智能技术的发展对于物联网能否实现更大的价值，也会起到重要的作用。

第二，人工智能将促进多个领域的创新。创新是推动行业发展的重要动力，在互联网时代，人工智能领域有巨大的创新空间，任何一个细小的创新都有可能会创造出巨大的价值。随着人工智能平台的推出，未来多个行业领域都可以借助于人工智能平台来实现各种创新，这会全面促进传统行业的升级。

第三，人工智能发展对于生产力提升有重要的意义。人工智能的发展能够在很大程度上提升社会生产力，这是人工智能技术带来的最为现实的意义之一。目前在工业生产领域，伴随着大量智能体（如机器人）的应用，整个生产领域的生产效率有了明显的提升，这一点在汽车制造领域有明显的体现。

国家高度重视人工智能产业发展。早在2016年7月，徐匡迪等一批院士研究提出"启动中国人工智能重大科技计划的建议"，中央迅速采纳，2017年7月，国务院印发《新一代人工智能发展规划》，针对人工智能的战略态势、总体要求、重点任务、资源配置、保障措施、组织实施等做了详细阐述。2020年11月，中共中央在《关于制定国民经济和社会发展第十四个五年规划和二〇三五年远景目标的建议》中提到，要瞄准人工智能等前沿领域，实施一批具有前瞻性、战略性的国家重大科技项目。2021年12月，国务院印发《"十四五"数字经济发展规划》，提出高效布局人工智能基础设施，提升支撑"智能+"发展的行业赋能能力。2022年8月，科技部、工信部等多部委联合发布《关于加快场景创新以人工智能高水平应用促进经济高质量发展的指导意见》，提出"我国人工智能技术快速发展、数据和算力资源日益丰富、应用场景不断拓展，为开展人工智能场景创新奠定了坚实基础。但仍存在对场景创新认识不到位，重大场景系统设计不足，场景机会开放程度不够，场景创新生态不完善等问题，需要加强对人工智能场景创新工作的统筹指导"。

人工智能是助力北京建设全球数字经济标杆城市的重要基础之一，也是北京重点发展的高精尖产业之一。如今，人工智能技术在北京被广泛应用于金融、交通、医疗、安防、教育等领域，为社会经济高质量发展赋能。作为科创资源密集的高地，北京依托独特的 AI 科技资源优势，围绕人工智能技术创新、人才培养、数据开放、应用场景建设等出台了一系列政策，日趋形成国际重大原创成果涌现、头部企业荟萃聚集、创新创业活跃的 AI 产业新生态，朝着成为新一代创业公司的灯塔、人工智能创业者的乐土、全国人工智能行业发展领头羊的目标不断迈进。2017 年 12 月，《北京市加快科技创新培育人工智能产业的指导意见》中提到，要建立人工智能创新体系、打造人工智能产业集群、加快人工智能融合应用、夯实人工智能产业发展基础。

2021 年发布的《北京市国民经济和社会发展第十四个五年规划和二〇三五年远景目标纲要》中明确将人工智能作为北京建设"全球数字经济标杆城市"的重要基础之一，提出要加快推进城市全域应用场景布局，部署通用人工智能基础支撑平台，以算力、数据、算法为数据赋能提供基础，打造无所不在的"数字城市"。目前，北京拥有人工智能企业超过 1600 家，上市公司 43 家，均居全国首位。

人工智能是中关村发展集团"十四五"期间重点发展的产业之一。人工智能产业包括基础层、技术层、应用层三个产业维度。《中关村发展集团"十四五"规划纲要》明确中发展重点发展人工智能等细分产业，聚焦核心芯片、先进装备、重点设备、自主可控软件等关键环节，积极关注前沿创新技术应用；在人工智能领域加快深度学习、强化学习等原型算法研究；深化与人工智能相关的基金、平台、园区和场景等产业组织服务；支持人工智能新型研发机构发展；通过人工智能等技术提升金融经营能力和服务支持等。

9.2 向何行：算力需求迫切，AI 多模态+场景融合创新

9.2.1 人工智能产业图谱

人工智能主要是指在各类机器载体（如手机、电脑、机器人、机械设备等）上模拟并拥有类似生物甚至超越生物的智能（感知、学习、推理、交流等）。人工智能初期属于计算机科学的分支，研究领域涉及计算机视觉、自然语言处理、机器学习、语音处理等，同时又与多个学科紧密相关，包括自动控制、电子技术、数学、心理学、语言学、哲学等。

从整体上看，人工智能是自主学习并生产知识的系统，其中包含观察感知、分析处理、判断决策等。广义人工智能指包含基础层、技术层与应用层在内的所有人工智能及其相关产业。狭义人工智能则更多的是强调人工智能基础层与技术层产业。人工智能技术主要围绕神经网络、认知系统、自然语言处理、机器学习、机器人、知识图谱、计划与预测等方向展开。

人工智能产业图谱基础层主要围绕人工智能的三驾马车——数据、算法、算力。AI 数据包含了大数据治理与软件服务平台和包含数据采集、数据清洗、数据标注的基础数据服务，代表性企业有滴普科技、龙猫数据等。AI 算法包含了 AI 开源框架、AI 开放平台和模型效率化生产平台，代表性企业有百度 AI 开放平台、海康威视 AI 开放平台、百度飞桨等。AI 算力包含了 AI 芯片（云端芯片、边/端侧芯片、类脑芯片等）、云服务、高性能计算中心等，代表企业如英伟达、阿里云、寒武纪、平头哥和国家布局的多个智算、超算中心等。

人工智能的技术层更多的是人工智能公司或互联网公司已经封装好的

人工智能能力，用户可通过 API、SDK 等接口调用来实现所需要的功能。技术层主要包括知识图谱、类脑算法、计算机视觉、人机交互、自然语言处理和语音技术等。代表性企业有我国知名的 AI 四小龙——商汤科技、云从科技、旷视科技和依图科技以及在某一领域有特长的公司，如擅长计算机视觉的合合科技、擅长自然语言处理的科大讯飞、擅长语音技术的云知声、擅长知识图谱的智谱华章等。

人工智能的应用层包含所有 AI 技术与传统应用结合形成的产业种类，根据市场投资实践和金额来看，智能制造、智能医疗、智能汽车、机器人等领域市场规模最大。

9.2.2　人工智能产业发展面临五大痛点

目前，对于人工智能产业的认知各传统行业普遍存在不足，一部分人认为，人工智能无所不能，未来会取代更多的人类工作；另一部分人则认为，现阶段的人工智能是落后技术，存在很多技术误区，应该推倒重来。究其根本，目前产业发展存在以下几个痛点：

1. AI 赋能百业，但算力难以支撑愈加庞杂的行业数据计算任务

在 AI 逐步覆盖各行各业的势头下，行业数据规模以指数级趋势上升，预计到 2025 年全国行业数据量将增至 48.6ZB，占全球总量的 27.8%。而算力技术与资源有限，难以支撑愈发庞杂的行业数据计算任务。

2. 人工智能商业化程度不足，大行业应用场景仍有待进一步挖掘

放眼全球范围，大多数全力推进"人工智能"相关技术的公司和企业，都处于长期投入、持续"亏本"的阶段。事实上，人工智能产业的大部分企业拥有了非常前沿的技术，但他们仍然未找到最佳的应用场景。如何将人工智能与其他行业相融合、真正赋能百业并显著提高行业效率，将是未来需要重点考虑的问题。

3. 行业数据标准尚未统一，阻碍 AI 应用于协同式场景

协同式场景依赖场景内不同个体之间的数据共享互通，以智慧交通为例，人、车、路之间的数据必须共享互通，才能实现诸如网联汽车自动驾驶等。而目前行业数据尚未完全统一，AI 难以应用于部分协同式场景。

4. AI 与行业场景融合要求 AI 技术人才具备跨领域知识，但目前这类融合性人才匮乏

以智能医疗为例，医疗影像、药物研发、精准医疗 3 种场景要求 AI 技术人才既懂 AI 知识，还懂解读医学数据，能将医学数据"翻译"为机器语言，让 AI 算法模型"学习"这类医学知识，实现影像诊断、蛋白质结构预测、靶向治疗等智能化。但目前这类融合性 AI 人才匮乏，难以满足产业需求。

5. 人工智能产业生态标准不够健全

AI 在各行各业的应用存在安全隐患。目前研究人工智能的主体以科研机构和大型科技企业的研发中心为主，大家都在构架自己的生态，百花齐放，但整体来看缺乏一个良好的行业生态环境和统一的规则和认知。此外，AI 应用覆盖广、渗透深，大量行业数据、个人数据因 AI 应用逐步被发掘利用，同时许多消费决策、分配机制等被 AI 算法代替控制，这可能引发各类 AI 安全问题如数据泄露、算法歧视、算法黑箱等，将严重影响经济社会的公平稳定，亟须完善 AI 伦理治理政策。

9.2.3 从弱人工智能向强人工智能过渡

自 1956 年人工智能概念提出以后，经过 60 余年的演进，特别是在移动互联网、大数据、超级计算、传感网、脑科学等新理论新技术的引领下，再加上经济社会发展强烈需求的驱动，人工智能出现了一些新特点。当前人工智能正处于从弱人工智能向强人工智能过渡的时期，未来人工智能的发展需要满足复杂场景中对于智能化的需求。纵向来看，人工智能发展将融合海量的专家能力和机器能力；横向来看，人工智能释放的能力以开放平台为载体，提供标准化、模块化的产品和服务。整体来看，人工智能有以下三点发展趋势：

1. 从 AI 到 "+AI" 赋能百业，不断拓展细分应用场景

全球范围内 "+AI" 企业数量占比持续加大，智能企服、智能医疗、智能金融、智慧交通、智能视听 5 类 "+AI" 垂直领域企业数量最多。未来 "+AI" 将不断拓展细分应用场景，在养老、安防、应急等场景渗透，满足长尾应用。

2. 算力需求激增，AI 发展催生全新信息工业

在 AI 技术与各行各业紧密结合的趋势下，AI 处理的数据愈加庞大复杂，促使算力需求激增，据测算，2012—2018 年，算力需求增长近 30 万倍。算力需求增长的同时将推动算力技术革新，硬件层面，为获取多种类型数据、提高数据并行计算能力，需要新的传感技术与芯片技术；软件层面，由于数据结构与计算逻辑发生变化，软件体系从底层指令到中间件到操作系统都将重塑。

3. 感知智能迈向认知智能依赖算法的多模态创新

目前智能技术以单模态感知智能为主，其主要特征是人机交互模式单一，如视觉交互、语音交互、生物特征交互等。但 AI 市场需求日渐融合化、复杂化，单模态感知智能难以处理复杂的人机交互任务，须依赖智能算法的多模态创新，将多种人机交互模式融合统一，推动智能技术从感知向认知智能演进。

9.3 携手生态伙伴"筑巢引凤"：吸引人工智能创新创业企业奔涌而来

人工智能产业特点鲜明，多为知识、技术密集型公司，发展过程中资金密集、风险性大，产品更新快、竞争性强。人工智能技术要得以发展，人的因素必不可少。为响应北京市号召，积极促进人工智能科技成果转化，推动经济社会高质量发展，中关村发展集团围绕构建以国内大循环为主体、国内国际双循环相互促进的新发展格局，深化产学研结合，促进创新链和产业链精准对接，深挖人工智能企业需求，提供优质的产业服务，空间上给予舒适、配套完善的办公环境，资金上勇于扶持小微企业茁壮成长，培育更多独角兽企业和隐形冠军企业，并结合企业实际的业务需求提供一系列共性技术服务平台，真真正正做服务，踏踏实实促发展。

9.3.1 打造高质量空间载体，筑巢引凤汇集优秀人工智能企业入园

特色产业园是分园主导产业的集聚区，是高质量发展的重要载体，是分园落实产业定位、培育高精尖产业的重要抓手。过去十年，中关村发展集团依托中关村软件园、中关村（京西）人工智能科技园等，聚集了一批优秀的人工智能企业，积极打造国际一流的人工智能生态集成服务商，努力构建具有全国乃至全球影响力的人工智能产业集群，积累先进产业组织经验，并拓宽服务边界，强化服务对外输出和辐射能力。

1. 中关村软件园：创新引领，打造数字经济新蓝图

2010 年，北京中关村软件园发展有限公司（以下简称中关村软件园）正式加入中关村发展集团。作为中关村国家自主创新示范区从事软件与信息服务业的专业园区，中关村软件园是我国创新驱动战略体系成果的展示窗口、国际合作与技术转移的关键节点、科技惠及民生的重要源头。

近年来，在传统的信息产业优势积累之上，中关村软件园人工智能产业蓬勃发展，迅速汇集了一批人工智能领域的领军企业，形成产业链完整、创新链关键环节齐备、具有技术主导权的人工智能产业生态。园区 AI 产业生态丰富，在部分领域处于引领地位，深度学习平台、计算能力平台/计算框架、知识图谱、行业应用等当前核心攻坚领域走在世界前列。

中关村软件园集聚了百度、腾讯（北京）总部、新浪总部、科大讯飞（北京）总部、寒武纪等众多国内外知名 IT 企业总部和全球研发中心，其中百度已形成包含芯片、深度学习框架、平台、生态在内的完整 AI 技术布局，科大讯飞智能语音掌控较强全球话语权，寒武纪专注于人工智能芯片产品的研发与技术创新，致力于打造人工智能领域的核心处理器芯片。

随着新冠疫情后产能恢复对智能设备投资增大等影响，AI+产业多点开花。从2020年和2021年前三季度收入来看，以AI平台为主的科大讯飞实现49.2%的增长，以AI+制造为主的永创智能实现了45.1%的增长，其他行业如汉王科技实现12.6%的增长，数字政通实现30.9%的增长。2021年，园区内人工智能企业占比达8.3%，收入占比达3.7%。

目前中关村软件园正在向着区域辐射、创新聚集的方向加速迈进，目标是率先在软件与信息服务业领域建设成为具有全球影响力的科技创新中心。

2. 中关村（京西）人工智能科技园：紧抓风口，上演AI新势力竞逐

2015年9月，中关村管委会、门头沟区政府、中关村发展集团签署战略合作协议，统筹规划中关村门头沟园功能定位和产业发展方向，搭建合作平台，促进产业转型升级，推动门头沟园成为中关村示范区西部的重要增长极。2016年年底，北京中关村京西建设发展有限公司（简称中关村京西发展）正式成立，中关村发展集团与门头沟区政府共同持股。

2018年年初，《中关村（京西）人工智能科技园建设方案》发布，结合门头沟新城承担首都西部综合服务功能的总体定位，园区致力于建设成为以人工智能重点实验室和技术平台为支撑、行业龙头企业引领、与中关村科学城融为一体、具有世界影响力的人工智能科技创新中心。从中关村大街出发驾车30分钟，在绿水青山的门头沟，昔日用来生产水泵的老旧厂房已摇身一变，中发展通过推进石龙五期土地一级开发，积极布局人工智能科技园，将园区建设成为促进京西地区产业转型升级并具有世界影响力的人工智能科技创新中心，成功聚集了一批前沿人工智能企业。园区由中关村京西发展建设运营，占地面积54.5万平方米。2019年10月，中关村（京西）人工智能科技园·智能文创园正式启用。

坐落在西山脚下、永定河畔的中关村（京西）人工智能科技园目前已落成智能文创园、中关村创新汇、中关村人工智能创新中心三个园区。

智能文创园由工业厂房升级改造而成，改造后建筑使用面积1.8万平方米，具备孵化、办公、交流、展览和配套服务等功能，可为企业提供100~5000平方米灵活组合的空间产品。自2019年改造至今，已入驻实体企业九成以上为人工智能及文创类企业。公司曾举办中关村论坛系列活动——未来之门、2019—2020年全球AI文创大赛等。据不完全统计，汇聚企业2021年上半年税收达4000万元，对比改造前增长40倍。此外，京西公司还与华为、百度、小米、寒武纪、商汤、科大讯飞等人工智能龙头企业有长期合作关系，另储备超过200家人工智能细分领域优质企业资源。

中关村创新汇位于长安街西延线1号，由工业厂房升级改造而成，改造后建筑面积7800平方米，其中研发办公6000平方米，配套公寓1800平方米，具备孵化、办公、研发、制造、住宿、餐饮等全方位配套服务功能，可为企业提供500~1200平方米灵活组合的空间产品。

中关村人工智能创新中心以自主可控的中关村昇腾人工智能计算中心为重要依托，总面积达4.48万平方米，重点打造京西"专精特新"企业加速区。

9.3.2 以资金为保障，科技成果在这里转化与绽放

有研究表明，高技术科研成果的研发成本是非技术产品的10~12倍。人工智能技术要推向市场，需要非常高昂的研究与开发经费。同时，无论市场预测和行业研究做得多么好，科技成果在推广并获得广泛应用的过程中，总会有各种各样的风险。

北京市政府多次发布政策文件，支持人工智能产业发展。2017年，《北京市加快科技创新培育人工智能产业的指导意见》中"保障措施"曾提到，推动社会资本参与人工智能重大项目实施和科技成果转化应用。中关村发展集团为更好地推动人工智能产业发展，成立了数只基金，通过投融资手段促成科技成果转化与落地。

9.3.3 人工智能投融资布局案例：北京中关村发展前沿企业投资基金（有限合伙）

2019年，北京中关村发展前沿企业投资基金成立，规模为10亿元。该基金主要围绕新一代信息技术、新能源智能网联汽车、人工智能、智能装备等领域，投资从事成果转化活动的初创期和成长期的创新创业企业，注重基于行业研究驱动的长期价值投资。2020年，前沿基金新增投资项目10个，出资金额2.04亿元。截至2020年年底，累计投资的15个项目中，有5个项目的投资实现了增值。目前，该基金已投资的代表性项目有超星未来、路凯智行、图湃医疗等。

信息拓展

北京超星未来科技有限公司成立于2019年4月，自主研发积累了超过30项技术专利，为智能驾驶实现不同场景下的应用与落地赋能。2020年，超星未来旗舰产品车载计算平台发布了NOVA-30、NOVA-15、NOVA-09这3款面向多级别、多场景的解决方案，同时发布的支持多算法框架多硬件平台的自动优化工业软件NOVA-X在2020年CVPR低功耗视觉竞赛中获全球第三。该公司自研的定制化加速IP库可实现嵌入式设备运算性能的数量级提升。2020年5月，前沿基金追加投资超星未来357.53万元，超星未来投后估值3.5亿元。

北京路凯智行科技有限公司成立于2020年5月，主要聚焦于智慧矿山无人驾驶整体解决方案，在智慧军工、智慧农业领域积累了十余年丰富的特种车辆无人驾驶经验，为矿山客户提供无人驾驶技术服务、无人驾驶运输服务，推动矿山的整体智慧化升级。公司获2020年中关村软件园"Z计划"创新之源大赛"创新之星"、中关村5G创新应用大赛中关村软件园5G场景赛决赛一等奖等多个奖项。2020年10月前沿基金参与北京路凯智行科技有限公司完成天使轮融资，共计投资1000万元。本轮融资由前沿基金和达泰资本共同领投，主要用于加快开发和升级露天矿自动驾驶系统、招募人才、部署矿山自动驾驶运输车队。

图湃（北京）医疗科技有限公司（曾用名北京图湃影像科技有限公司）成立于2017年10月，致力于高端眼科诊疗设备的自主研发与制造，旗下产品北溟·鲲超高速眼科扫频OCT核心性能突破进口水平，是全球扫描速率最高的眼科OCT设备。2020年4月，前沿基金参与图湃（北京）医疗科技有限公司A轮融资，共计投资1200万元，投后估值1.72亿元。本轮融资主要用于高端眼科设备的研发。

9.3.4　以平台为助力，从企业需求入手提供共性技术服务平台

共性技术服务平台是实现科技与经济紧密结合、推进产学研深度融合的重要桥梁和纽带。推动建设共性技术服务平台是许多发展情况较好园区的成功经验，完善的、匹配的共性技术服务平台可以最大限度地推动园区内企业成长，帮助这些创新创业企业跨越从基础研究到技术创新的"死亡之谷"。中关村发展集团依托软件园、北京中关村科技服务有限公司（简称中关村科服）等子公司，搭建了多个专业度高的共性技术服务平台，共同推进园区智慧化升级，力争为整个人工智能产业链赋能。

1. 中关村易（e）创服务平台

为更好地整合体系内外资源，中关村科服搭建了中关村易创服务平台。2019年11月22日，中关村易（e）创服务平台正式在中发展内部发布试用。易创服务平台是以产业知识图谱为核心技术的数字服务平台，通过提炼标签以及标签组合的交叉分析，形成上亿级别的数据透视视角，是市场唯一实现贯穿企业、技术、产业链3大图谱层的平台，打造了产业分析服务、政策匹配服务、智能园区服务、企业征信服务、知识产权服务、人才匹配服务、企业供需对接服务、科技服务超市等8大类多边跨界在线服务，一站式解决科创企业全生命周期的痛点问题。

中关村易创平台已经上线，初步形成了政策匹配、企业征信、智能园

区、产业分析等8大服务包，为创新主体、政府部门、金融机构、科创服务机构四大用户群体提供多功能、一体化整合式服务。平台能够厘清产业发展核心要素和现代经济产业发展的核心指标，构建产业生态评价系统；可以通过多维数据监测产业与企业发展的核心指标，进行区域环境、产业特征、企业画像、投资热点等多维数据交叉分析，智能匹配园区特征属性，实现精准招商引资；此外，该平台利用大数据和人工智能手段研究产业发展趋势，辅助产业规划。目前，中关村易创平台已服务各类企业1万家次。

未来，深度建设中关村易（e）创平台，通过"资本+算力算法+平台"，积极构建线上集成服务体系，引导资源向数字化转型集中，推动"4+2"业务数字化贯通，提升数字化竞争优势。

2. AI标准评测和数据分享平台

2020年12月，AI标准评测和数据分享平台设立，是中关村软件园为推动人工智能产业资源的共建共享和标准化管理研发的新一代人工智能资源开放共享平台，以数据资源为核心，发力数据评测标准化，打造服务共享、标准评测和产业转化的全新人工智能数据生态，通过建设开放、灵活、可扩展的AI开源数据平台，有效打破各行业数据系统界限，解决数据质量孤岛问题。同时，通过平台建设的AI数据质量评测和治理能力，可以促进中国人工智能统一规范的数据标准建设和完善的数据质量评测指标体系建设，解决中国各领域（包括语音、视觉、电信等）和各行业（通信、家居、金融、医疗、交通、教育等人工智能）发展过程中存在的数据质量问题。2020年，平台入选中关村示范区高精尖产业协同创新平台。

3. 促进产业发展，软件园搭台助力园内企业成长

2020年年底，中关村科技园区管理委员会印发《中关村国家自主创新示范区数字经济引领发展行动计划（2020—2022年）》，其中提到"提高智慧园区运营水平"。中关村软件园通过建立超级链接、超级计算和共性支撑三大科技服务体系，配套园区AI智慧大脑服务，为在园的人工智能企业赋能，帮助企业更好地成长。

科技服务上，中关村软件园打造融合通信平台，满足企业可定制化、高稳定性、高可靠性的通信需求，依托8000平方米的3个分布式数据中心建成高性能计算平台、云计算服务平台以及5G+边缘计算平台、协同开发平台等应用平台，为人工智能产业发展提供多方位支撑。同时，基于园区前沿技术应用试验平台，打造无人驾驶及接驳、公共安全、无人配送、云端数字营销平台等10大真实应用场景。

物业服务上，园区AI智慧大脑以大数据平台为核心，整合数字孪生、结构化数据应用、AR、人工智能、大数据分析等技术，为园区内企业运营管理、企业服务等提供支撑，更好地服务于园区内企业，从需求侧、场景端更好地为人工智能产业提供"练兵场"。具体服务内容包括大数据平台、全景智图应用服务等，极大地提升了园区运营管理能力，为园区企业发展提供了更强动力。

除自主搭建服务平台来赋能人工智能产业发展外，中发展还积极链接在园企业，充分发挥园内企业的技术优势，不断寻找企业自主搭建的共性技术服务平台和应用场景，先后对各类人工智能产业服务平台的研发起到支撑作用，如落地软件园的宫颈癌DNA+形态学人工智能联合检测系统、脑机接口与人工智能康养平台、AI骨健康—人工智能骨关节检查系统等，并引入多个海外创新项目，如以色列"Mist Systems"人工智能驱动的无线服务平台、以色列"Taboola"反向搜索引擎发现平台等，促成多个海外公司在京落地，如落地海淀的德国极纳人工智能技术服务商和全球性的高性能计算和人工智能公司潞晨科技等。

"十四五"期间，中发展将瞄准聚合国内外人工智能产业优质创新资源这一关键目标，通过"4+2"集成服务业务体系作为抓手，以产业布局为牵引落地空间载体，以丰富创新金融服务吸引优质企业，以搭建共性技术平台加速企业发展，推动中发展在人工智能领域具备国内外领先的创新资源配置能力，将中发展打造成具有一流水平的AI生态集成服务运营商。

第十章
医疗器械产业：健康科技

高端医疗器械产业是国家战略性新兴产业之一。随着我国步入中度老龄化社会，医疗器械行业市场需求持续保持上升态势。中关村发展集团顺应市场发展规律，在国家发展战略指导下，将医疗器械产业作为中发展在大健康领域的重点布局方向之一。

10.1 来时路：政策支持、国产替代，医疗器械产业步入新阶段

医疗器械行业是我国高新技术产业，按照国家对医疗器械依风险程度分类情况来看，我国医疗器械可分为第一类、第二类和第三类。为推动行业健康有序地发展，几年来，国家密集出台了一系列关于医疗器械行业的政策法规，多次提出将医疗器械作为发展的重点，对医疗器械的转型升级和发展做出了重要部署，为我国医疗器械产业的发展提供良好的政策环境。

我国医疗器械产业的快速发展始于2000年，我国医改政策导致卫生机构需进行器材和设备的更换以及补充，刺激了我国中低端产品和技术的快速增长，但高值医疗器械市场被进口产品占领。为加速国产化替代，我国出台了相关政策，加大对医疗器械产业的支持力度，2021年"十四五"规划将高端医疗设备作为医疗器械产业的重点发展领域之一；工信部就《医疗装备产业发展规模（2021—2025年）》公开征求意见，指出要推动医疗装备产业高质量发展。

在 2015 年后，我国医疗器械创新政策频出，国家政策的支持以及行业巨大的发展空间，使得市场不断涌现出具有竞争力的国产企业。随着技术的进步及可支付水平的提高，预期国内产品将取得更高的市场份额，加速实现国产化替代。

10.2 向何行：国产替代加速变革，医工融合行业整合趋势明显

10.2.1 医疗器械产业图谱

根据国家药监局定义，医疗器械是指单独或者组合使用于人体的仪器、设备、器具、材料或者其他物品，包括所需的软件。医疗器械的效用主要通过物理等方式获得，而不是通过药理学、免疫学或生物代谢等方式。医疗器械功能包括诊断、预防、治疗、监护、支持、替代、检验、控制等。

医疗器械分类方式众多。根据产品特性，可将医疗器械分为高值医用耗材、低值医用耗材、医疗设备、IVD（体外诊断）四大类。根据医疗器械的结构特征，可分为有源医疗器械和无源医疗器械。根据风险程度，在注册时将医疗器械分为三类：第一类风险程度低，实行常规管理可保证其安全、有效，如外科用手术器械、手术衣、手术帽等；第二类具有中度风险，需要严格控制管理以保证其安全、有效，如血压计、体温计、心电图机、脑电图机等；第三类是具有较高风险，需采取特别措施严格控制管理以保证其安全、有效，如植入式心脏起搏器、角膜接触镜、人工晶体等。

按照环节，医疗器械产业图谱分为上游、中游和下游。上游行业为医疗器械组件制造，涉及电子器件、原材料、软件系统、新兴技术等领域。其中电子器件为大型医疗设备提供传感器、电池、CPU、屏幕等零部件；原材料行业提供钢铁、有色金属等材料；软件系统提供数据处理、影像诊断、功能管理等软件；其他如人工智能、物联网和区块链技术也为中游研

发制造提供帮助。中游行业为医疗器械的研发、制造。下游行业则是医疗器械流通及应用终端，包括医院、疾病预防控制中心、计划生育机构、爱国卫生运动机构以及医疗卫生研究机构等。医疗器械产业图谱见下图。

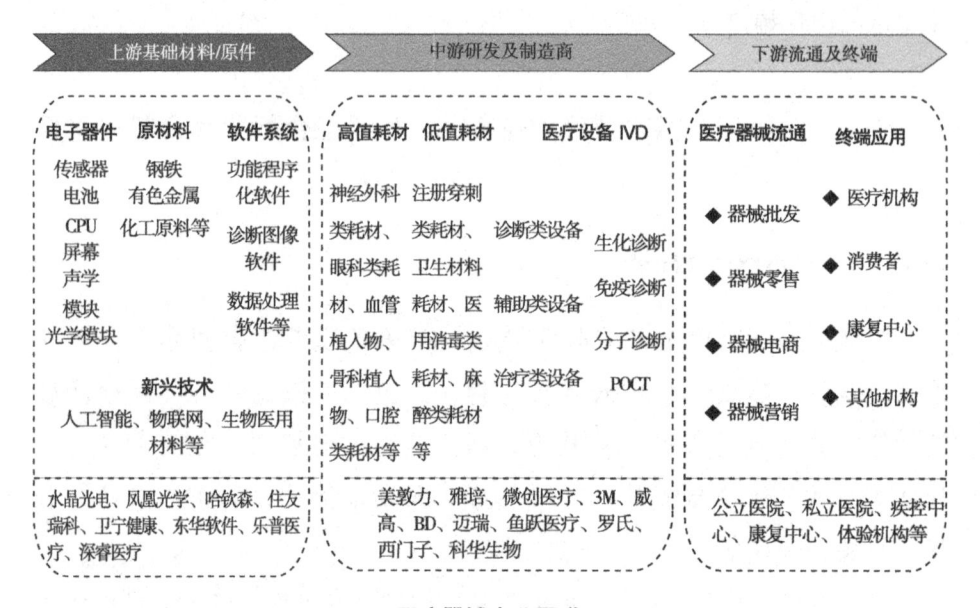

上游基础材料/原件	中游研发及制造商	下游流通及终端
电子器件：传感器、电池、CPU、屏幕、声学模块、光学模块 **原材料**：钢铁、有色金属、化工原料等 **软件系统**：功能程序化软件、诊断图像软件、数据处理软件等 **新兴技术**：人工智能、物联网、生物医用材料等	**高值耗材**：神经外科类耗材、眼科类耗材、血管植入物、骨科植入物、口腔类耗材等 **低值耗材**：注册穿刺类耗材、卫生材料耗材、医用消毒类耗材、麻醉类耗材等 **医疗设备 IVD**：诊断类设备、辅助类设备、治疗类设备、POCT、生化诊断、免疫诊断、分子诊断	**医疗器械流通**：器械批发、器械零售、器械电商、器械营销 **终端应用**：医疗机构、消费者、康复中心、其他机构
水晶光电、凤凰光学、哈钦森、住友瑞科、卫宁健康、东华软件、乐普医疗、深睿医疗	美敦力、雅培、微创医疗、3M、威高、BD、迈瑞、鱼跃医疗、罗氏、西门子、科华生物	公立医院、私立医院、疾控中心、康复中心、体验机构等

医疗器械产业图谱

10.2.2 医疗器械市场：美欧主导，中国高速增长

近年来，全球范围内医疗器械市场规模呈现出持续增长的趋势，我国增速远高于全球。根据 Statista 统计数据，2016 年全球医疗器械市场规模约 3500 亿美元，至 2021 年已经达到 4050 亿美元。中国医疗器械市场规模自 2017—2021 年，从 4435 亿元增长至 9640 亿元，复合增长率为 21.47%，中国增速远高于全球。

从全球区域分布格局来看，当前医疗器械的主要市场为美国和欧盟。美国是全球最发达的医疗器械市场，顶级医疗器械企业在此聚集，领先的科技水平和雄厚的资金实力进一步巩固了美国医疗器械的市场地位。欧盟是仅次于美国的医疗器械市场，良好的经济基础和较强的医疗器械消费能力,保障了欧盟医疗器械市场的内需驱动力。目前中国已经成为全球医疗器械的重要生产基地,随着科技的进步和制造业的发展,以及庞大人口基数带来的潜在需求,未来市场前景十分广阔。

从国内区域分布格局来看,广东、北京和江苏实力较强。根据药智网统计数据,目前上市企业数量排名前三的省市分别为广东、北京和江苏,分别达到了21家、14家和12家。统计不同省市医疗器械上市公司市值,广东和北京稳居前两名,仅此两地就占据了全国六成份额。从创新医疗器械新批产品来看,北京、广东和江苏获批创新医疗器械也都在20个以上,遥遥领先。

从医疗器械市场集中度来看,全球集中度较高,中国集中度较低。根据 Qmed 统计数据,以强生、西门子、雅培和美敦力为首的前20家国际医疗器械巨头凭借强大的研发能力和销售网络,占据全球近45%的市场份额。相比于全球,中国医疗器械市场集中度较低。CR3 仅有不到6%,CR10 也仅超过10%,市场集中度整体不高。

10.2.3 政策与资本共促医疗器械产业创新发展

1. 政策是医疗器械产业创新的基础

医疗器械的产品创新从研发设计到最终的生产上市都需要经过上级部门的管控。作为一个强监管的行业,政策对于医疗器械的产业创新至关重要。当前,我国出台了一系列政策鼓励医疗器械的研究与创新。创新器械的优先审评审批政策是指申报产品拥有自主知识产权,产品主要作用机理为国内首创,性能或安全性与同类产品比较有根本性改进,技术上处于国际领先水平,且具有显著的临床应用价值等特征的器械获得优先受理的权利,可缩短上市时间,快速帮助企业实现盈利。创新医疗器械暂不纳入集采,为创新产品开拓市场提供空间,确保了企业的营业利润。医疗器械上市许可持有人制度,将器械的研发与器械的生产分隔开来,使得器械研发企业可专心于创新,而不用投入巨大的资本用来生产。这一系列政策为医疗器械产业创新提供了基础。

2. 资本是产业创新的巨大助力

企业在产业的创新过程发挥重要的作用，然而我国的医疗器械企业创新动力有待进一步提升。究其原因，主要有三点：一是医疗器械创新时间漫长。一款医疗器械从研发到生产销售，时间最短也得三年左右，这会给中小企业造成盈利压力。二是医疗器械研发投入大。医疗器械创新需要大量的资金投入，这可能会对企业的正常生产经营带来影响。三是医疗器械研发风险高。研发是一项失败率极高的企业活动，大量企业往往投入巨量的成本后研发却最终失败。为促进医疗器械的企业创新，资本需要发挥作用。通过风险资本，政府引导资金的加入，可大大分散企业的经营和盈利压力，从而促进创新发展。

10.2.4　医疗器械产业国产替代、医工融合、行业整合趋势明显

1. 国产替代趋势加速

经过几十年的发展，中国医疗器械企业通过提高自主创新能力、出海并购等方式不断增强自身实力，目前已在国际医疗器械行业中占据重要地位，然而我国在高端医疗器械领域依旧存在国产化率较低、技术储备不够的现象。在政策鼓励、国际形势及国内产业发展等因素的影响下，我国医疗器械国产化的趋势将加速发展。

我国政策鼓励医疗器械国产化。近年来，我国各级政府在采购、管理、注册申报等方面发布多项政策鼓励医疗器械的自主创新及国产化。同时，当前国际科技保护主义形势严峻。自2018年以来，以美国为首的西方发达国家开始对我国进行一系列的技术封锁措施，包括投资禁令、否决并购事件，禁止科研合作等。这些措施一定程度上逼迫国产医疗器械的自主发展，从而促进国产替代化的进行。另外，我国医疗器械产业自身发展促进国产化趋势。目前我国已在中低端器械领域获得足够的优势，国内有大量的企业在中低端器械领域进行激烈的竞争。产业的发展促进企业向价

值较高的高端医疗器械进军，从而也会促进我国医疗器械的国产化进步。

2. 医工融合转化趋势明显

医疗器械种类繁多，涉及医学、工程学、电磁学、化学等多个学科交叉融合。医工融合转化是指将医学知识和经验与工程技术结合，从而创造出能够满足临床需求的全新医疗产品。传统医疗器械研发主体会遇到诸多方面的困难：一方面，医生不掌握试验方法、缺乏后续技术开发能力且没有工科资源，其在临床工作中产生的创新想法往往会在成果转化的起始研究阶段"萌芽艰难"，在后期落地阶段也缺乏抓手；另一方面，工科高校院所和企业研发机构往往不了解医疗行业以及从业人员的具体需求，因此医疗行业以及从业人员与材料、装备工艺等方面的工科高校院所和企业的合作显得尤为重要，成为产业创新的重要途径。

医工融合转化在国外早已取得一系列突破性成果，然而在国内仍然面临一些现实障碍。医工融合转化趋势将在可预见的未来实现飞速发展，主要原因有两点：一方面，我国从顶层设计层面认识到医工融合转化的重要性，而不仅仅是临床专家认知层面。目前我国已经在政策方面进行了设计，从而明确了医工融合转化的方式，如2022年国家明确要求将医工融合转化量化作为公立医院的考核指标等。另一方面，我国高校科研团队通过跨学科的联盟及校企合作等方式，也在积极探索医工结合转化的实施路径，这也促进了我国医工融合转化趋势发展。

3. 行业持续整合，集中度日趋提高

当前我国医疗器械市场企业众多，竞争十分激烈，集中度较低。造成国内医疗器械行业市场集中度不高的原因主要是企业在细分领域的产品线较为单一，尚未形成具有明显规模效应的综合实力。随着医疗器械细分市场天花板效应显现，跨界并购成为实现企业业务收购增长的主要方式，国内医疗器械行业并购规模从2014年的28.2亿美元、125项上升至2018年的108.93亿美元、205项。随着国内医疗器械行业整合加快，跨界跨境并购提速，我国医疗器械市场集中度将得到提升。

10.3 全周期产业服务：中发展特色服务汇聚高端医疗器械产业创新资源

中发展重点依托中关村医疗器械园为领域内产业项目落地提供优质空间服务，搭建科技金融服务、专业技术服务等6大服务平台，为双创主体创造完善的产业生态环境，加速创新要素和智力资源集聚，促进创新型企业释放发展活力，结合中发展"空间+投资+服务"的集成服务生态体系，以基金为牵引，以平台为纽带，构建起专业、集中、高效的医疗器械产业的平台化服务体系。

10.3.1 形成以医疗器械园为代表的小规模、创新型制造的团状聚集

中关村医疗器械产业园是中关村发展集团布局医药领域的重大举措。园区采取"政府支持、集团主导、企业参与、集群式落地、市场化运作"的开发运营模式，进一步加快医疗器械产业集聚式发展，为重点企业和重大项目的快速落地提供载体空间。

中关村医疗器械园成立于2012年。中关村医疗器械园项目包括两期：一期项目于2017年6月开园，现已入驻企业近100家；二期项目总建筑面积19.76万平方米，已于2023年5月竣工。园区自成立以来，始终坚持围绕科技创新载体、产业金融、科技服务三大核心主业；以高端医疗器械产业为主，集研发、孵化、生产、服务于一体，重点引进"高端医疗器械研发总部""新型高端医疗器械生产制造""医疗器械企业孵化成长"及"医疗器械支撑服务"等四大产业功能。运用园区、投资、金融、专业服务等手段，在全球范围内配置创新资源，推动科技成果转化和产业化。

中关村医疗器械园于2014年被北京市科委认定为北京市战略性新兴产业科技成果转化基地，全面承担中关村高端医疗器械产业园的规划建设和运营服务。公司将通过综合运用市场化手段，为入园企业提供孵化、研

发、生产、人力资源、融资、政策咨询、信息服务等一系列服务，促进医疗器械产业升级。截至2020年年底，园区企业共获批二、三类产品注册证325个，占医疗器械产品注册证的85%。在北京市获批的67件创新和优先审评审批医疗器械产品中，医疗器械园获批产品占比达12%。园区企业已获批专利358项，其中发明专利201项；申请中状态专利近1000项，多个产品入选国际原创医疗器械和国内首创医疗器械。

10.3.2 多措并举集聚顶尖创新资源，加速布局医疗器械高成长赛道

多年来，中发展通过多措并举在医疗器械领域培育出一批具有全球影响力的创新型企业。截至2020年年底，中发展在医疗器械领域投资的企业总数共92家，其中被投的体外诊断（IVD）、高值耗材和医疗设备企业82家。在金融服务方面，中关村担保服务谊安医疗、泛生子等医疗器械领域企业37家，融资服务规模3.5亿元。中关村租赁为泛生子、吉因加、百世诺等医疗器械企业提供售后回租等服务，现北京医疗器械客户存量12家，融资规模达到3亿元左右。

同时，中发展不断完善医疗器械的赛道布局。在园区方面，集中于体外诊断、高值耗材和医疗设备中处于高成长通道的细分赛道。在体外诊断领域，以分子诊断（国产替代率40%左右）为核心，北部生命园聚集了以诺禾致源、泛生子、贝瑞基因和博晖创新为代表的23家分子诊断企业，医疗器械园聚集了以热景生物为代表的上市龙头企业。在高值耗材领域，以骨科耗材（国产替代率40%左右）和心血管植入物为引领，骨科耗材和心血管植入物研发生产企业在高值耗材企业中占比80%。骨科耗材培育了上市企业奥精医疗，心血管领域引入企业3家，以支架产品的研发生产为主，其中阿迈特、华脉泰科均有产品获批创新医疗器械。在医疗设备领域，分布于影像设备、呼吸与麻醉设备、临床监测设备、医疗机器人等领域，其中，华科精准神经外科手术机器人为国内首创，产品精准度和进口产品一致，已经应用于国内很多医院。

10.3.3　医疗器械投资布局案例1：奥精医疗科技股份有限公司

奥精医疗科技股份有限公司成立于 2004 年，是一家专注于高端再生医学材料及植入类医疗器械的技术研发、高端制造、市场推广的国家高新技术企业。依靠清华大学专利技术和十余年自主研发积累，现已开发出一系列仿生矿化胶原人工骨修复产品，涵盖骨科、口腔科、整形外科、神经外科 4 大类，品种多达 50 余种。公司产品和技术拥有中国专利 50 余项，海外专利 10 余项。

公司已有各类专利 50 余件，产品获得三项国家三类医疗器械产品注册证，并取得美国 FDA 市场准入许可。产品销售网络遍及全国。公司常务副总经理崔萌于 2006 年获美国药物学会青年科学家奖；于 2008 年获强生公司产品创新奖；于 2012 年 7 月入选北京"海聚工程"，被聘为北京市特聘专家；于 2017 年入选北京市大兴区新创工程。

奥精医疗是中关村发展集团成立后直接股权投资的第一批企业，是中发展委贷附认股权第一个行权企业，也是中关村医疗器械园第一批入驻企业。2021 年 5 月 21 日，奥精医疗正式登陆科创板。中发展采取自有直投加委贷附认股权的投资模式，通过多元化的方式为企业提供发展资金，并在投资后帮助企业落地亦庄，为企业提供了有深度的投后服务。同时，中发展投资成功推动国家技术发明二等奖专利技术的产业化，帮助奥精医疗实现跨越式发展，现已申请和获得国内外专利 50 余项、入选首批 G20 工程创新引领企业、成为中关村高新技术企业和北京市海淀园"海帆企业"。中发展先后带动百奥财富、清控银杏、国投创合等国内外一线投资机构的投资，撬动后续融资 1.4 亿元。

10.3.4　医疗器械投资布局案例2：北京诺诚健华医药科技有限公司

北京诺诚健华医药科技有限公司（以下简称"诺诚健华"）是中国科学院院士施一公教授领衔创建的，一家专注于国际一类新药及新型生物技术研发的创新型医药企业，核心团队拥有成功开发超过100个新药专利和候选新药的经验。此次投资主要用来支持诺诚健华从事抗肿瘤靶向治疗药物和免疫治疗药物的技术引进及产品开发。

2015年，中发展用自有资金委托贷款附认股权方式投资2000万元。2017年，中发展以1000万元的价格将认股权转让给建信资本，实现年化收益率46%。2018年，中发展1000万元委贷成功收回。诺诚健华作为一家从事新药研发的医药企业，公司长期处于研发阶段，大量资金投入新药的研发。中发展投资时，公司对资金需求较大，但又无产品上市，处于非营利状态，财务呈现出营业收入为0，净利润为负的特点。中发展投资之后，2016年诺诚健华实现收入450万元。

公司采用国际化的药物开发模式，自主研发项目与引进成熟项目同步进行，降低研发型企业创业风险，同时保证企业未来市场竞争力。中发展在捕捉自身投资机会的同时持续引进社会资本助力企业发展，先后带动维梧资本、上海建信资本、正心谷创新资本（LVC）、三正健康投资、益普资本与知名国际主权基金的投资。诺诚健华的估值从中发展投资后的2.45亿元人民币大幅提升到8亿美元。

10.3.5 构建以科服为核心、以平台为抓手、以园区为基石的三级服务体系

中发展目前正在打造以科服为核心、以平台为抓手、以园区为基石的三级运营服务体系。

在顶层设计方面，科服正在构建包括医疗器械全产业链一体化服务平台、医疗器械动物实验科技平台等为支撑的服务包体系。在CRO/CDMO等平台环节方面，中发展投资布局了中关村水木医疗科技有限公司，提供医疗器械工程化设计整改、电磁兼容专业方向检测、电气安全专业方向检测等方面的平台服务。中发展以融资租赁的形式参与了通和立泰的生物相容性平台建设，以植入器械大动物试验为核心业务，提供医疗器械生物相容性研究、医疗器械临床前评价、临床医学培训等服务。中发展还布局了

中关村普世（北京）药械供应链平台，为医疗器械创新企业的产品商业化提供一体化解决方案，帮助好的产品和技术快速有效地找到应用场景并推送至目标人群，使得国产医疗器械行业实现价值闭环。

在园区服务上，医疗器械园投资、共建、引进了医疗器械工程优化平台、生物相容性评价平台、医疗器械流通服务平台，园区已成立运营服务公司，园区孵化器进入中关村硬科技孵化器支持体系，链接50家产业服务机构，医疗器械园成立3年多，已经培育2家上市企业，一批创新型企业迅速成长。

"十四五"期间，中发展将瞄准医疗器械产业领域，全面提升全生命周期成果转化能力和产业服务能力，通过打造"一核多极"空间载体，深化打造中关村医疗器械园的区位优势，通过建设中关村医疗器械产业服务中心和中关村医疗器械产业大脑，深化打造产业组织运营优势，通过构建"科技金融+认股权池+基金投资"的全生命周期的投融资体系，深化打造产业领投优势，推动成为北京市医疗器械产业创新中心，加快打造国家级医疗器械孵化器。

第十一章
智能制造产业：数字锻造

智能制造是制造强国建设的主攻方向，其发展程度直接关乎我国制造业质量水平。发展智能制造对于巩固实体经济根基、建成现代产业体系、实现新型工业化具有重要作用。中发展近年来积极服务高端制造、智能制造领域企业共性需求，布局相关产业基金、科技园区、中小试测试服务平台，深入研究智能制造领域企业画像、需求画像，精准挖掘和分析企业发展痛点、产业发展难点、政府招商卡点，围绕"政产学研用金介媒展咨"等构建智能制造创新生态集成服务体系，通过"一站式""全景式"服务助力企业发展，促进产业创新。

11.1 来时路：世界各国均关注智能制造产业，已上升为我国国家战略

智能制造的提出背景与 IT 技术进入工业领域密切相关，可追溯至 20 世纪八九十年代。1989 年蒂姆·伯纳斯-李通过互联网实现超文本传输协议客户端和服务器之间的第一次成功通信，1992 年，用于 PLC 的以太网和传输控制协议/因特网协议（TCP/IP）实现连接，1995 年，微软公司的 Windows 在工厂成为主流操作系统，1997 年，无线 M2M 技术在工业中开始普遍，1998 年，美国赖特、伯恩正式出版智能制造研究领域的首本专著《制造智能》。

关于智能制造的概念和内涵，亦有不断的发展和阐释。1991 年，日、

美、欧等共同发起实施的"智能制造国际合作研究计划"中提出:"智能制造系统是一种在整个制造过程中贯穿智能活动,并将这种智能活动与智能机器有机融合,将整个制造过程从订货、产品设计、生产到市场销售等各个环节以柔性方式集成起来的能发挥最大生产力的先进生产系统。"在美国赖特、伯恩所著的《制造智能》一书中,将智能制造定义为"通过集成知识工程、制造软件系统、机器人视觉和机器人控制来对制造技工们的技能与专家知识进行建模,以使智能机器能够在没有人工干预的情况下进行小批量生产"。21世纪以来,随着云计算、大数据、工业互联网、人工智能等新一代信息技术的快速发展及应用,智能制造被赋予新的内涵,即新一代信息技术条件下的智能制造。2010年9月,在美国华盛顿举办的"21世纪智能制造研讨会"指出,智能制造是对先进智能系统的强化应用,使得新产品的迅速制造,产品需求的动态响应以及对工业生产和供应链网络的实时优化成为可能。我国工信部、财政部发布的《智能制造发展规划(2016—2020年)》等文件中则将智能制造定义为是基于新一代信息通信技术与先进制造技术深度融合,贯穿于设计、生产、管理、服务等制造活动的各个环节,具有自感知、自学习、自决策、自执行、自适应等功能的新型生产方式。

近年来,我国重视发展智能制造。随着我国谋求从制造大国向制造强国转型,智能制造上升为国家战略,《国务院关于加快培育和发展战略性新兴产业的决定》将高端装备制造产业定义为我国国民经济支柱产业,在《智能制造装备产业"十二五"发展规划》《智能制造发展规划(2016—2020年)》《"十四五"智能制造发展规划》等国家顶层规划中,围绕智能制造,从标准体系、产业规模、企业数字化水平、关键技术装备、重大产业应用、创新场景拓展、复合型人才培养等方面持续提出阶段性发展目标。到了"十四五"期间,我国将深入实施智能制造和绿色制造工程,建设一批示范工厂,并提出到2025年,国内规模以上制造业企业基本普及数字化,重点行业骨干企业初步实现智能转型,到2035年规模以上制造业企业全面普及数字化。

《北京"十四五"规划和二〇三五年远景目标纲要》中10次提及工业互联网，提出要加快工业互联网标识解析国家顶级节点、国家工业互联网大数据中心建设，推进以工业互联网为重点的垂直行业场景应用示范，打造国内领先的工业互联网产业集群等。《北京工业互联网发展行动计划（2021—2023年）》（征求意见稿）也提出要将北京建设成为我国工业互联网创新发展示范城市，成为引领全国、影响世界的工业互联网技术创新策源地、体系赋能主引擎、产业发展先导区、应用创新示范区。产业互联网也被《北京市"十四五"时期高精尖产业发展规划》纳入"2442"高精尖产业体系。

11.2 向何行：我国智能制造产业规模大，传统生产模式面临变革

11.2.1 智能制造产业服务图谱

智能制造产业链主要包含研发设计、生产制造、物流仓储及售后环节。研发设计是指应用智能化的设计手段及先进的设计信息化系统（CAX、网络化协同设计、设计知识库等），支持企业产品研发设计过程各个环节的智能化提升和优化运行。生产制造是指将智能化的数控机床、工业机器人等软硬件技术、控制系统及信息化系统（分布式控制系统DCS、分布式数控系统DNC、柔性制造系统FMS、制造执行系统MES等）应用到生产过程中，支持生产过程优化运行，是智能制造的核心，见图11-1。

具体来看，智能制造围绕研发、生产等一系列环节的共性服务包含工业设计、仿真服务、中小试服务、智能化（AI）质检服务、智慧物流系统、预测性维护、工业互联网平台服务等。随着智能制造在国内十多年的发展，智能制造领域涌现一批具有先进生产管理经验和成熟信息化系统的典型企业。

创新生态集成服务
来自中关村发展集团的探索与实践

创新流程	研发设计服务	生产制造服务	物流仓储服务	售后服务

共性服务：

工业设计及仿真软件CAX
法国达索　英特仿真
Ansys　中望软件
西门子NX　安world亚太
Mathworks　数码大方
　　　　　索为　云道智造

生产制造类工业软件
罗克韦尔　西门子　施耐德
同徽　数商云　数码大方

3D打印服务
Inkdit
Carbon FORTIFY
汇天威
航星利华

经营管理类工业软件
爱思普　赛富时
创景科技　用友

中试服务
中关村硬创空间
新云超精密
海普超精

AI工业质检服务
Landing AI
思谋科技　深度视觉
鲲云科技　天准科技

智慧物流系统
美国德马泰克
德国胜斐迩
安川电视
爱普生
今天国际
德盛利
沃迪智能

预测性维护
VIRUSLITICS
ABB
西门子
医联科技
异阳科技
广东赛球智能

注：京内企业为楷体，国外企业为黑体，其余为宋体

工业设计服务
IDEO designaffairs GKDI
洛可可　嘉兰图　东成新维

自动化控制系统
法国达索
微软　爱普生
瑞欧威尔
Rokid
西门子和利时

人机协作工业XR眼镜
微软　爱普生
瑞欧威尔
Rokid

工业机器人
库卡ABB　安川电视
优傲机器人
节卡机器人
珞石机器人

西门子　日立　亚马逊　霍尼韦尔　　**工业互联网平台**　三一根云　航天云网　东土科技　海尔卡奥斯　美云智数

智能制造系统解决方案
中国航天　兰光创新　石化盈科　金航数码　昆明船舶

工业网络安全
CyderX　天融信　深信服　瑞和云图

综合性服务平台：

中关村硬创空间
东南数字经济发展研究院
厦门火炬高新区智能制造服务平台
中山市高端智能制造装备关键技术公共服务平台

北京机械工业自动化研究所
苏州市智能制造公共服务平台
陕西高端装备与智能制造产业研究院
广州中国科学院工业技术研究院

图 11-1　智能制造服务图谱

其中，中小试环节共性服务平台包括中关村硬创空间、精雕集团，AI工业质检服务平台包括思谋科技、天准科技等。物流仓储系统指为客户实现从货主到司机到用户的全链条全渠道真实管控系统，实现车辆管理、智能调度、运力统筹、智能结算等功能的可视化，帮助客户实现运输管理数字化升级。代表性企业包括德马泰克、胜斐迩、安川电机、爱普生、今天国际、德盛利、沃迪智能等。预测性维护指通过机器学习、运营数据分析和预测性资产运行状况监测，优化维护并降低工厂或业务运营的可靠性风险，代表性企业包括 VIRTUSLITICS、ABB、IBM、因联科技等。工业互联网平台既包括涵盖智能制造设计服务、制造服务、物流仓储服务、售后服务的综合性服务平台，如西门子、航天云网、海尔卡奥斯等，也包括兰光创新、石化盈科等智能制造系统解决方案，以及专注工业互联网网联安全服务的天融信、瑞和云图等企业。

11.2.2 智能制造产业规模快速扩大

我国智能制造相对国外起步较晚,但发展非常迅速[①]。凭借拥有全球最大规模制造业的优势,我国智能制造的产业规模高速增长,截至2022年前后,国内智能制造装备产业规模接近3万亿元,覆盖了包括汽车、纺织、医药、能源、机械装备等90%以上的制造业领域。

随着智能制造高速发展,工业企业数字化转型取得明显成效。根据工信部统计数据,截至2021年年底,我国规模以上工业企业关键数控化率达到55.3%,数字化研发工具普及率达到74.7%,智能装备市场满足率超50%;通过智能化改造,我国智能制造示范工厂生产效率平均提升32%,资源综合利用率平均提升22%,产品研发周期平均缩短28%,运营成本平均下降19%。

随着智能制造市场规模的扩大,一批专业化智能制造解决方案提供商涌现。一些传统装备制造企业、工业自动化供应商、软件开发商、用户企业等加速向解决方案供应商转型,其中有工业制造企业基因的工业富联、卡奥斯、树根互联,有工业自动化背景的新松机器人、东土科技,有互联网公司背景的腾讯、阿里,有通信行业背景的华为、浪潮等。随着这些企业向智能制造、工业互联网领域成功拓展业务线,一批可复制、可推广的行业级解决方案相继涌现,由此我国形成了一支智能制造专业化服务队伍。

11.2.3 我国智能制造产业发展还需在技术、人才和资本等方面突破

智能制造创新生态要素主要包含智能制造领域的人才、企业、专业服务商、产业资本、产业政策等一系列因素。由于制造型企业的智能化转型具有高技术、重投资、长周期和以业务需求为导向的特点,因此我国企业智能化发展较为突出的卡点主要体现技术、人才和资本等三个方面。

首先是部分关键领域技术仍存在"卡点""断点",包括关于智能制造

---

① 以"十三五"期间工业机器人产量为例,2016—2020年,我国工业机器人产量从7.2万台增长到23.7万台。

基础零部件和装置领域的微纳位移传感器、柔性触觉传感器、高精度伺服驱动系统；通用智能制造装备领域的高精度数控磨床、电子束高效选区熔化装备、超快激光加工装备以及智能工作母机等新型智能制造装备，仍有进一步提升空间；同时工业互联网领域的部分底层技术以及工业机理模型仍需突破。

之后从国内技术解决方案提供商来看，国内尚缺乏综合能力齐全的智能制造解决方案提供商，相比于互联网背景出身的企业的数字化、信息化服务优势，大型工业生产制造背景出身的企业在供应链智能化和业务需求理解方面更胜一筹，其他如工业自动化控制出身的中小企业，以垂直细分领域的数字化见长。总结来看，我国仍需要集成各类技术优势的智能制造领域的"超级服务商"。

从人才需求和培育来看，智能制造所需的具有IT与OT复合背景的技术、管理人才仍然不足，人才的大规模培养与供给仍然有待跟进，领域内关于人才培养的产学研联动体系尚待进一步建立。

从产业资本来看，制造类企业实现智能化转型需要较大的资金投入，企业往往还需要一个较长的周期持续迭代和理解自身需求，其间仍需持续的资源投入，客观上要求资方提供伴随企业数字化、信息化和智能化转型全周期的"耐心资本"，如何形成一种良性可持续的投资模式成为双方亟须探索的议题。

11.2.4　智能制造变革传统生产模式，云边协同不断替代中心化

1. 从商业模式上看，智能制造的C2M反向定制模式将快速发展

智能制造不但是一套先进的生产系统，更包含新兴商业模式。面对世界范围内出现的新形势、新要求，一些制造商在生产方式和销售模式方面持续推进变革，其中最为典型的就是以用户为中心的C2M反向定制模式出现。

C2M是一种工业互联网电子商务的新型商业模式，又被称为"短路经济[①]"，传统制造厂商因疫情冲击和对线下经济恢复预期的不确定，开始谋

---

① 短路经济，俗称"去中间化"。短路经济与数据赋能、坪效革命并称新零售三大核心逻辑。

求转型，与电商平台合作成为一条可行路径，C2M模式由此得到发展。展开来说，传统制造厂商生产商品，商品流向批发商，并最终由零售商卖到客户手中；在该模式下，传统制造厂商并不直接对接用户需求，只围绕某一类的产品进行生产，用户需求无法实时反馈给制造商。在C2M模式下，用户的偏好和地域差异能够很有效、很迅速地反馈到制造商手中，并由此改造自身相对刚性的生产线，在大电商平台客户需求的驱动下，厂商对生产智能化更有兴趣，并就柔性制造等方面投入资金，不断让自身的生产与用户需求拉近，典型的案例就是京东集团推出的"京东京造"。

信息拓展

京东京造模式是典型的C2M模式，是一种以顾客为中心，不断响应市场需求变化的制造系统，该系统综合了技术创新、组织方式创新和模式创新，以实现优质、高效、灵活的生产。

根据《中国企业家》等公开报道，与京东合作的相关企业认为，与京东开展C2M反向定制合作是通过实现对不同的地区、人群、年龄层次用户需求的敏捷反应，进而为京东、工厂和用户都带来价值。举个例子，关于水管和水质过滤器的制造，由于温度差异，在北方使用的过滤器须具备防冻功能，而在南方一些地方则用不上；由于水质差异，一些地方的用水不需要配置过滤器，而一些水质差的地方需要匹配强力过滤器以避免水垢对水管的损害。关于类似的情况，厂商都可以通过京东京造模式快速知晓不同用户群体的需求并生产出定制化的产品提供给客户。

2. 从市场竞争上看，智能制造工业企业孵化的科技公司将在数字化后"转型"市场获竞争优势

从近年来智能制造解决方案提供商的成立背景分析，越来越多的成熟型制造企业开始孵化自身数字科技公司，企业除了通过引入外部专业机构参与自身数字化转型外，还尝试通过成立科技型子公司来沉淀数字化转型经验，与IT背景的解决方案提供商"同台竞争"，包括如三一重工主导下的树根互联、海尔集团主导下的卡奥斯、富士康主导下的工业富联、中石油主导下的昆仑数智、宝马集团主导下的领悦公司、美的集团主导下的美云智数等。这些行业内出身的公司凭借母公司相关项目的积累，在细分领域数字化转型方面的具有核心竞争力，并不输于传统的互联网龙头企业。

总结来看，传统IT服务商、互联网巨头在数字化、信息化方面的技术优势、人才优势仍然明显，但"数字化转型"和单纯的企业"数字化""信息化"不同，由成熟制造型企业孵化的数字科技公司将在"转型"方面发挥越来越大的作用，特别是其行业背景出身和对业务深入理解的优势将抢占数字化转型的后半段市场，更好地贴合业务发展，更好地联动和借力同行业上下游资源，这将给IT背景的解决方案商带来更严峻的竞争压力。

3. 从技术发展上看，智能制造云边协同新路径将不断替代中心化云服务模式

云边协同的含义在于云计算和边缘计算互补工作，智能制造产业领域正出现边缘和云混合解决方案取代中心化云服务的趋势。以部分厂商视频的云服务为例，其边缘计算部分主要包括网络视频摄像机、智能视频监控系统，处理近端摄像机传输的数据，如解码视频、解密视频、存储视频、回放视频等，由于该部分数据较前端近，在同一厂区或园区内部，将之称为边缘云或边缘计算。而云计算部分主要包括服务器设备、存储设备、网络设备等，用于和边缘计算协同，边缘计算通过高速网络传输的数据将在这里加工储存。

总结看来，边缘计算对实时性有较高要求，云计算则侧重对算力的依赖。按照制造业的数字化转型"海量数据""即时交互""稳定安全"的特征，边缘段设备通过与人工智能、5G、大数据技术的结合，能形成更高效、更低廉的解决方案，弥补传统中心化云服务的短板，减少延迟，并提供可扩展性，增加信息访问量，并使业务开发变得更为敏捷，逐渐在制造业数字化、智能化转型中发挥越来越大的作用。图 11-2 为智能制造未来想象图。

图 11-2　智能制造未来想象图
资料来源：作者使用百度"文心一言"AI 画图功能绘制

11.3　集成为核，中发展以"空间+场景"促进智能制造产业要素快速集聚

集成式服务是中发展促进产业发展、完善产业生态的重要策略，中发展充分挖掘智能制造领域创新生态要素，通过集成服务将智能制造产业发展所需

要素通过各类链接形式集中起来,促进智能制造产业生态在京快速聚集发展。

中发展自成立以来,以产业空间促产业集聚,打造国内领先的智能制造科技园区,较为典型的有位于房山区的中关村前沿技术研究院以及位于石景山区的中关村工业互联网产业园。

1. 中关村前沿技术研究院

中关村前沿技术研究院于2013年正式设立,是中发展与房山区合作打造的智能制造领域特色产业园,也是国内第一个具备5G自动驾驶研发、开放道路测试能力的示范区,是中关村示范区唯一授权以"高端制造为主题的特色园区"。园区位于房山区北京高端制造业基地核心区,占地面积15.3万平方米,建筑面积22.77万平方米,分为两期建设。研究院产业定位以工业4.0与互联网跨界融合为主方向,聚焦无人机、智能网联汽车、智能机器人、医工交叉等智能装备,以及新能源、新材料等前沿技术领域。

2016年,国内领先智能驾驶研发公司驭势科技成为首个入驻研究院的企业。同年,全球首家云端智能机器人运营商达闼科技公司签订项目落地协议。2018年,北理工无人机所研发成果转化公司恒天云端、工业级无人机制造商航景创新与高速自动驾驶解决方案提供商奥特贝睿,分别与北京高端制造业基地管委会签署落地协议,入驻研究院一期。是年,举办中关村前沿技术系列沙龙活动暨智能制造产业研讨会。

目前,中关村前沿技术研究院以"前店后厂"为特色,集聚了一批如航景创新、史河机器人等具有核心产品和技术的科技型企业。园区通过标准化厂房、商务会展厅、研发办公载体、技术性测试场地等,为企业生产制造、研发办公、路演会展、中小试、共性技术测试服务等提供多种功能空间载体。截至2020年年底,园区共有企业31家;园区企业在园从业人员约1000人,研发人员占比50%;园区有院士1人;园区企业累计申请知识产权1833件。

2. 中关村工业互联网产业园

中关村工业互联网产业园落地在北京市石景山区。石景山曾经创造了现代工业的辉煌，如今的石景山则由传统重工业区蝶变升级为绿色高端之城，在不断加快产业转型和城市更新，将成为投资兴业的新舞台。中发展以中关村工业互联网产业园为依托，助力石景山在京西构建现代产业体系，推动北京工业化和信息化在更广范围、更深程度、更高水平上融合发展，见图11-3。

图11-3 中关村前沿技术研究院园区实景

中关村工业互联网产业园产业定位以生产性服务业为基础，以工业互联网为核心产业。产业园分为核心区、拓展区以及先导园，核心区与拓展区建筑面积43万平方米，于2021年9月17日启动施工，预计2025年全部交付施工。

先导园在2020年9月正式开园，建设规模约3万平方米，中发展依托其新一代信息技术领域的产业资源，已吸引部分工业互联网企业签约入驻。

在中关村软件园也聚集了一批工业互联网领域的企业。中发展依托工业互联网产业园、软件园在产业投资、园区、金融、区域协同等板块，通过提供空间载体、担保服务等方式，服务工业互联网领域企业二百余家，其中国家专精特新"小巨人"37家，瞪羚企业82家，中关村高新企业98家，覆盖工业软件/工业大数据、智能传感器、工业信息安全、工业互联网平台、机器人、边缘计算等细分领域。

11.4 以场景创新促产业创新，中发展以"场景出题"邀企业共同打造创新与活跃的产业氛围

作为新兴技术产业，智能制造、工业互联网领域企业要想实现快速发展需要持续扩展相关技术的应用场景。中发展以场景创新促成产业创新，通过"场景出题"吸引产业链上下游以及相关产业企业共同参与产业创新过程，持续活跃创新氛围。

在智能应急装备领域，中发展以前沿技术研究院为抓手，借助与房山等区政府"构建新型政企关系"的合作契机，充分发挥产业资源优势和空间运营经验，大力发展布局了无人机、智能机器人等符合北京10大高精尖产业领域的重点赛道，充分利用中发展内外产业服务能力，与国内外多家顶级服务机构合作，加强关于垂直细分领域的创新服务生态构建，积极引进和培育了一批填补产业链空白环节的优质企业，包括航景创新、史河科技、达闼科技、驭势科技、氢阳能源、煋邦数码等，形成"落地一批、在谈一批、储备一批、谋划一批"的项目梯次推进格局。

从应用场景方面看，中发展根据国家和北京市重点应急需要、属地产业基础和市场需求特点，重点围绕无人机森林灭火、超高层建筑消防、危化品监测消防、核泄漏防护、搜救救援等场景发力（见下表），通过重点研发课题发布、创新示范场景评选等吸引"答题企业"来园区洽谈合作，将通过遴选的企业和产品纳入政府重点采购推荐目录，推动新产品和新技术的场景拓展，与属地政府、企业共同参与构建活跃的产业氛围。

中发展智能应急装备五大重点场景发展实施路径

场景	现有产业基础	重点关注机构、企业	需要支持政策	对应产品	关键技术/部件	打造产业集群
无人机森林灭火	航景创新、北理工无人机所	航天十一院、中安财富(北京)国际科技、中国航天科工二〇六所、北京国遥星图航空科技	引入应急监测指挥系统研发企业,给予招商补贴政策	无人应急指挥机、无人机外挂灭火弹	无人机高空高精识别系统、超高清外挂设备、高精传感器、干粉灭火弹	以航景创新为核心,引入航天十一院、中安财富(北京)国际科技、北京国遥星图航空科技、航天科工二〇六所,围绕无人机森林灭火场景,重点攻关灭火高清识别系统等产品、高空高清识别系统、干粉灭火弹
超高层建筑消防	航景创新	新兴际华集团、徐工集团、中国航天科工二〇六所	鼓励登高车、干粉灭火弹产品研发,授予优质项目企业应急示范试点工程企业称号	高层建筑干粉消防车、干粉消防弹、超高建筑无人机、超高登高车、超高层建筑供水系统	发动机轴承、无人机旋翼、无人机操控系统、曲臂云梯、液压支腿、工作斗、串联式增压供水系统、高安全性干粉灭火弹	引入徐工集团,围绕高层消防场景,依托发展大型消防数救车辆产品,新兴际华、长安汽车、航天科工二〇六所、航景创新等企业,重点攻关高层消防干粉车、无人机干粉储压模块等产品
危化品监测消防	燕山石化	市环保局、房山区政府、燕山石化、360未来安全研究院、中国赛宝	政府出台危化品行业企业安全生产的强制标准	危化品生产监测App	工业软件编程、算法开发	以燕山石化为试点,引入360未来安全研究院、中国赛宝等机构,围绕化品安全生产开发工业监测软件,鼓励燕山石化孵化工业互联网子公司,联动石景山工业互联网园,引入和推广试点成果

163

续表

场景	现有产业基础	重点关注机构、企业	需要支持政策	对应产品	关键技术/部件	打造产业集群
核泄漏防护	航景创新	中关村房山园、中国原子能研究院、中核立信(北京)科技有限公司	针对核泄漏监测系统、抗辐射高性能设备研发企业给予招商补贴政策	无人机辐射应急监测系统、抗辐射高性能设备	核辐射监测系统与大数据分析平台	引入中核立信,依托航景创新用绕无人机高空核泄漏监测场景,研发关键辐射高空监测产品;依托房山园新材料基地与中国原子能研究院合作研发抗辐射高性能设备
搜救救援	史河科技、卫蓝新能源、氢阳能源	北京盛博蓝自动化公司、哈工大北京军立方科技	针对特种救援机器人、生命探测、新能源动力系统研发企业给予招商补贴政策	雷达生命探测仪、履带作业救援机器人、履带式两栖全地形车	雷达探测技术、特种救援机器人、机器人作业控制软件、固态锂电池、液态氢生产储运	引入哈工大北京军立方、北京盛博蓝自动化公司,重点研发生命探测产品,依托史河科技、卫蓝新能源、氢阳能源,丰富特种救援机器人产品线

"十四五"期间，中发展以技术驱动、资本驱动、服务驱动为牵引，聚焦智能制造、工业互联网领域具有大行业应用场景的细分赛道，推动建立面向汽车、电子信息、智能装备、医药健康和航空航天等细分领域的智能制造、工业互联网服务体系，推动中发展在智能制造领域具备国内外领先的创新资源配置能力，打造一流的智能应急装备产业生态集成服务运营商、安全应急场景重要"出题策划者"。

第十二章
生物医药产业：生命革新

当前，全球正处于生物医药研发的高峰期，生物医药产业已成为全球高科技产业中活力最强、发展最快、科技含量最高的领域之一，成为衡量生物科技领域现代化水平的重要指征。

12.1 来时路：生物医药产业欧美技术主导，中国崭露头角

在过去的几百年里，生物学的理论和重大发现几乎都来自欧美等西方国家。从全球近代生物学的重大发现来看，虽然我国在1965年首次人工合成结晶牛胰岛素，引起世界生物界的震动，但在其他生物学理论研究方面与西方国家差距较大。目前，全球生物医药行业呈现集约化发展的趋势，美国、欧洲、日本等少数发达国家和地区在全球生物医药产业链和市场中占据主导地位，印度、中国和新加坡等国家和地区加大对生物技术研究、生产设备研发、生产制造等方面的支持力度，推动本国生物医药技术不断突破。

2015年以来，我国发布了一系列促进生物医药产业发展相关的政策法规，推动国产生物创新药与国际接轨。2015年11月发布的《关于药品注册审评审批若干政策的公告》仿照FDA审批制度，提出对新试验申请实行一次性批准，加快企业研发进度和新药上市。2016年2月发布的《关于解决药品注册申请积压实行优先审评审批的意见》提出，药品研发由"抢首仿"转为"优先审评"，鼓励新药研发。2016年国务院办公厅发布《关

于印发〈药品上市许可持有人制度试点方案〉的通知》，明确了权责归属，推动药品研发创新。2018年国家医保局成立，医保目录调整常态化、创新药国家谈判机制化，新药从获批到进入医保目录的进程加速，激励企业研发创新。2019年新修订《中华人民共和国药品管理法》，明确规定国家鼓励研究和创制新药，为深入药品领域改革奠定法律基础。近年来，中国创新药的上市申报越来越多，仅2019—2020年就有350项新药上市申请，超过了此前8年的总和，生物创新药领域出现了众多资本实力强、技术积淀深厚、管理经验丰富的创新型医药企业。2021年，我国"十四五"发展规划指出，"加快发展生物医药、生物育种、生物材料、生物能源等产业，做大做强生物经济"。我国在疫苗、抗体药物、重组蛋白、血液制品、细胞和基因治疗等生物医药领域的创新成果突出，重组蛋白药物、血液制品新增上市产品数量是2020年的6倍，我国生物医药产业创新正在迎来高质量发展的新机遇。

12.2 向何行：我国迅速崛起，创新生态与数字化技术推动产业变革

12.2.1 生物医药产业关键环节

生物医药产业链可分为早期研究、临床前研究、临床研究、审批与投产上市、原材料及设备等环节。生物医药原料包括血浆、血清、酶、抗原、化工原料、草本植物等，生物制药设备包括发酵罐、灭菌器、低温离心机、质谱仪、流式细胞仪等。在早期研究中，包括确定靶标、先导药物发现、筛选化合物等环节。临床研究包括临床的一期、二期、三期试验。审批和上市部分包括新药审批、药物生产及上市三个环节，见下图。

12.2.2 生物医药市场：美国处于核心地位，我国增速较快

从市场规模来看，根据Frost&Sullivan统计数据，2022年全球生物

药市场规模达到了4800亿美元，占到了全球医药整体市场规模的36%，预计将在2028年突破7000亿美元，占医药市场整体份额进一步将提升至40%以上。除去疫苗产品外，2022年全球销售额前20名的生物产品均为单抗和抗体融合蛋白，其全球销售额均在29亿美元以上，其中一半以上的产品收入在50亿美元以上。美国在全球生物医药销售市场中处于核心地位，2022年生物药排名前20中85%的产品在美国市场的销售收入占比在全球在50%以上，产品主要分布在抗肿瘤和自体免疫领域。

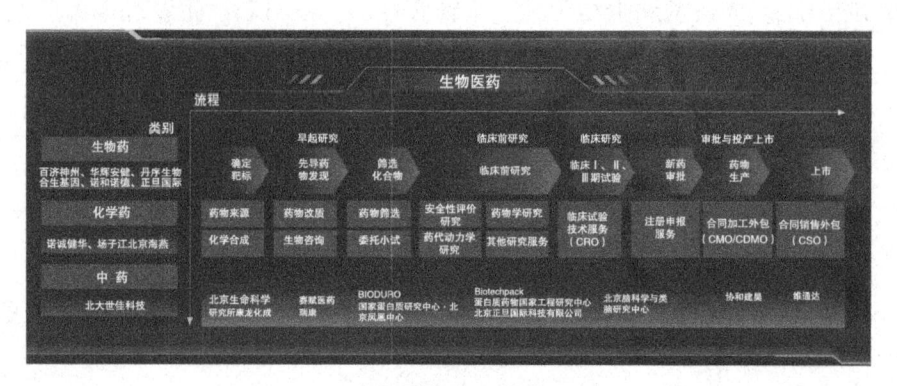

生物医药产业图谱

从投融资市场来看，据中商产业研究院统计，2022年，全国生物医药领域共发生融资事件2237起，较2021年增长18.11%。从融资事件看，江苏461起、上海370起、广东369起是融资事件最多的三个省市。从公开披露融资金额看，上海241.86亿元、江苏207.79亿元、广东168.47亿元位列前三。

从生物医药研发成本来看，根据德勤统计，新药研发成本从2010年的11.88亿美元提升到了2019年的19.81亿美元，增幅高达66.75%。随着研发成本的上升，新药投资回报率下降。新药投资回报率从2010年的10.1%下降至2018年的1.9%，新上市的药物平均销售峰值从2010年的8.16亿美元下降至2018年的4.07亿美元。

12.2.3 政策、共性技术平台是生物医药产业创新生态的关键要素

1. 来自政府的支持是行业发展的重要动力

长期以来，发达国家不断加强生物医药领域的战略布局，加大对生物医药基础研究和前沿技术的投资。美国政府一直将生物经济定为联邦机构重点研发的关键领域之一，为生物医药创新提供良好的政策环境，将生物经济研究作为科技预算的优先重点。生物医药研发在美国政府科研经费预算中是国防科技之外投入最多的领域。新冠疫情发生后，世界主要国家以前所未有的审批速度授权紧急使用或批准新冠疫苗、治疗及检测方法，对生物医药的创新起到巨大的推动作用。2021年，我国发布"十四五"规划和2035年远景目标纲要，提出"构筑产业体系新支柱，推动生物技术和信息技术融合创新，加快发展生物医药、生物育种、生物材料、生物能源等产业，做大做强生物经济"。2022年5月，我国发布《"十四五"生物经济发展规划》，提出"生物医药、生物医学工程、生物农业、生物制造、生物能源、生物环保、生物技术服务等战略性新兴产业在国民经济社会发展中的战略地位显著提升"。未来，国家将不断加强生物医药创新的战略地位，更加重视生物医药的战略规划与政策法规，构建促进生物医药产业创新的开放式发展生态体系。

2. 共性技术服务平台是行业发展的加速器

生物医药企业多数为规模相对较小的中小企业，这些企业在创新创业的过程中，由于自身资金实力有限，对生物医药研发制造的各类共性技术平台需求强烈，包括实验动物公共服务平台、重要菌种及细胞株保藏与开发平台、检验检疫检测设备开放共享平台、小试和中试车间等专用服务平台等。因此，共性技术服务平台的搭建能为生物医药产业发展起到明显的推动作用。我国"十四五"发展规划中提到，"推动国家生物产业基地向高端化、国际化、平台化方向发展，立足区位和产业比较优势，建设一批关键共性技术和成果转化平台，加强国际科技创新和产业协作，促进重点

产业升级，打造具有国际竞争力的生物产业集群"。国内各省市围绕生物医药产业也均加强了对共性技术服务平台建设的支持。深圳市在《深圳市促进生物医药产业集群高质量发展的若干措施》中提到，大力提升生物医药特色园区公共服务能力，支持园区打造生物医药产业研发制造所需各类共性技术平台。北京市在《关于北京市2022年国民经济和社会发展计划执行情况与2023年国民经济和社会发展计划的报告》中提到，出台促进科技企业孵化器高质量发展若干措施，支持龙头企业牵头组建创新联合体、布局建设共性技术平台。高质量、高水平的共性服务平台的建设可以帮助生物医药创新创业企业解决共性难题，大幅提高企业创新效率。

12.2.4 创新型生物医药企业引领研发新潮，数字化技术助力产业变革

1. 我国生物医药进入商业化的关键阶段

"十四五"是我国医药产业创新发展、转型升级的重要时期，国内创新药已进入商业化的关键阶段。从细分领域来看，生物制品是目前发展最快的领域之一，在国内鼓励创新的政策推动下，以重组蛋白和单克隆抗体为代表的新产品正在加速推向市场。同时，基因细胞治疗（CGT）正在进入快速发展时代，越来越多的国产创新药正在进入国际市场。

2. 创新型生物医药企业正在成为医药研发主力军

创新型生物医药企业上市数量逐渐增多。在A股、H股及中概股的生物医药企业上市公司中，2021年共有19家公司实现产品营收超过1亿元，较2018年翻了3.8倍。创新型生物医药企业越来越成为医药研发主力军，在全球后期研发管线占比从2003年的52%增长到2018年的72%。

3. 数字化技术在生物医药产业的渗透愈来愈广

随着人工智能、大数据技术的快速发展，生物医药的各个环节面临智能化升级，开启一个探索与功能导向的结构生物学新时代，解决包括药物设计、病理探究等多领域问题。例如，在新药研发领域中，数字化技术的应用已成为不可或缺的一部分。计算机模拟和人工智能通用大模型可以帮

助医药研发人员快速筛选出合适的化合物，提高新药研发工作的效率。在生产过程中，通过电子化监测系统，可以实时监控制造过程，从而及时发现和解决问题。而在数字化质量控制方面，人工智能技术也能够在质检中协助人员识别和分析数据，降低错误率，提高质量。数字化创新发展与生物医药产业深度融合，将引发影响深远的产业变革，催生新赛道和新增长点。

12.3　精准配置，中发展按生物医药产业需求配置创新服务资源

中发展依托中关村生命科学园，聚焦首都科技创新中心战略定位，着力开展空间优化运营、健全产业服务。生命科学园创新发展产业生态日趋完善，园区企业利税贡献能力大幅提升，行业领军人才、企业聚集，生物医药产业链逐步完整成型，园区自持空间不断扩大，创新孵化成效显著，为北京市生物医药产业集聚、科技创新以及中小企业培育等贡献了力量。

12.3.1　建设高标准载体空间，持续完善园区服务设施与配套

中关村生命科学园是中发展生物医药产业发展的核心载体，是北京市政府落实国务院《关于加快中关村科技园区建设的批复》精神，调整产业结构，提高我国生物技术自主创新能力和生物产业发展水平，于2000年批准建设的具有专业园区特色的国家级生命科学、生物技术和新医药产业的创新基地。国家发展改革委于2006年10月批准中关村生命科学园为北京"国家生物产业基地"。

中关村生命科学园规划占地总面积为249公顷，其中，一期工程占地130公顷，为研发、中试、孵化基地，建筑面积54万平方米；二期119公顷，定位于医疗服务及产业化用地。中发展在园区内多层次布局医疗服务、金融服务、人才居住、教育、会展等服务设施，持续推动便捷交通系统完善、生态智慧园区标准制定和国家级绿色生态园区建设，打造"产城融合"新典范。完成医药科技中心、中关村生命科学园国际会议中心等重

大项目建设，积极推进生命科学园创新创业服务中心启动运行，保障清华技术转移研究院、北生所成果孵化转化基地等重大创新服务载体项目入驻，持续完善产业链配套。

12.3.2 以产业投资为牵引，助力"双创"主体加快成长

中发展围绕生物医药产业技术服务关键且具有较大盈利空间的环节，创新股权投资模式，通过组建合资公司的方式实现服务和投资双增值。发挥"专业团队+产业创新服务+金融服务+直投"所形成的专业化资本撬动作用，推动投资收益稳步提升，并实现创新、盈利共赢的局面。

近年来，中发展支持了一批有实力、有潜力的创新型企业。其中，靶向药物研发企业百济神州、骨科机器人研发企业天智航等项目先后登陆资本市场；爱博诺德"可折叠（软性）白内障人工晶体产业化"项目研发进展顺利，取得了原国家食品药品监督管理总局颁发的二类医疗器械许可证。与此同时，主动把握在投项目退出时机，顺利完成奥精医药、诺诚健华等多个直投项目退出工作。

12.3.3 构建高质量产业服务体系，集聚创新资源

从2000年中关村生命科学园建园伊始，中发展始终以建设代表世界先进水平的生命科学研究高地为目标，高标准构建产业服务体系，着力抢占生物医药产业未来发展制高点、努力实现核心关键技术自主创新，形成了以基础研究为核心，从研发、中试、生产到临床应用的生物医药产业体系完整的服务链、产业链、创新链。

第一，重视创新要素和智力资源集聚。经过多年发展，中关村生命科学园聚集了北京生命科学研究所、北京脑科学与类脑研究中心、国家蛋白质科学中心（北京）等10个国家级工程研究中心、重点实验室及国家重点项目；汇集了200余名高层次人才，其中，仅生命科学园内院士达21位；此外，2020年10月，新型研发机构昌平国家实验室成立，为生物医

药产业注入新的发展活力。"北京生命科学园生物样本库项目"旨在建立全国性大型临床样本储存库，为生命科学园未来发展提供新动力。

第二，推动临床试验资源多元化发展。北京大学国际医院、北京大学第六医院、北京霍普甲状腺医院、北京大学康复医院等为新药和医疗器械研发提供了丰富的临床医疗资源。全国首家国际研究型医院项目启动建设，可承接全球多中心临床试验，总建筑规模9.68万平方米，规划床位500张，建成后将进一步完善北京医药健康产业创新链条，加速医药研发成果转化进程。

第三，建立高标准公共服务平台，厚植中小企业培育的土壤。中发展投资、共建了中关村绿通北平台、中关村生物医药科技信息交流中心、中关村生命科学园创新服务中心、中关村生物医药云中心、中关村生命科学园高通量测序平台、生命科学计量标准创新支撑平台、中关村开放实验室、知识产权服务保护工作站、中关村水木、通和立泰等一批公共服务平台，有效提升了本市生物医药医疗领域服务水平和服务能力，为中小企业发展壮大提供了肥沃土壤。

第四，通过丰富多彩的交流活动活跃园区创新氛围。近年来，中关村生命科学园以论坛、峰会、研讨会、考察团等不同形式，以生物医疗大健康、脑科学、人工智能等多个主题，从不同角度不同深度剖析行业发展关键要素，促进园区产业交流。举办的活动包括中关村生命科学园年度发展论坛、生物医疗大健康峰会、"中关村"论坛平行论坛、年度科学·亚洲生物医药学术峰会、年度中关村生物医药创新创业大赛等。

"十四五"时期，中发展将聚焦生物医药产业链优化布局能力和能级全面提升这一重要目标，加快建成面向生物医药领域专业、集中、高效的全周期产业集成服务体系，适度超前布局，构筑新赛道竞争优势，增强对北京市生物医药产业的影响力和支撑力，助推北京率先在生物医药领域形成创新力、竞争力、辐射力全球领先的国际科技创新中心，中发展相关业务板块收入和收益明显提升。

参考文献

［1］江飞涛.技术革命浪潮下创新组织演变的历史脉络与未来展望：数字经济时代下的新思考［J］.学术月刊，2022，54（4）：50-62.

［2］法格博格，莫利，纳尔逊.牛津创新手册［M］.柳卸林，郑刚，蔺雷，等，译.北京：知识产权出版社，2009.

［3］张其仔，贺俊.第四次工业革命的内涵与经济效应［J］.人民论坛，2021（13）：74-77.

［4］戴宁.企业技术创新生态系统研究［D］.哈尔滨：哈尔滨工程大学，2010.

［5］解学梅，余生辉，吴永慧.国外创新生态系统研究热点与演进脉络：基于科学知识图谱视角［J］.科学学与科学技术管理，2020，41（10）：20-42.

［6］张仁开.上海创新生态系统演化研究［D］.上海：华东师范大学，2016.

［7］苏屹，李柏洲.大型企业原始创新支持体系的系统动力学研究［J］.科学学研究，2010，28（1）：141-150.

［8］刘友金，黄鲁成.技术创新与产业的跨越式发展：A—U模型的改进及其应用［J］.中国软科学，2001（02）：38-42+47.

［9］孙建军."互联网+"区域创业生态系统的构建与培育［J］.当代经济，2018（5）：84-86.

［10］马宗国，尹圆圆.基于研究联合体的开放式创新生态系统的构建［J］.科学管理研究，2017，35（6）：20-23.

[11] 李万, 常静, 王敏杰, 等. 创新3.0与创新生态系统[J]. 科学学研究, 2024, 32 (12): 1761-1770.

[12] 李政, 罗晖, 李正风, 等. 基于质性数据分析的中美创新政策比较研究: 以"中国双创"与"创业美国"为例[J]. 中国软科学, 2018 (4): 18-30.

[13] 国家知识产权局. 美国发布新版国家创新战略[EB/OL]. 国家知识产权局网, 2015-12-25.

[14] 张彬, 葛伟. 美国创新战略的内容、机制与效果及对中国的启示[J]. 经济学家, 2016 (12): 78-84.

[15] 周莹. 创新政策的功能耦合: 日本创新政策的演变及其启示[J]. 中国科技论坛, 2009 (3): 134-138.

[16] 杜建, 武夷山. 我国科技政策学研究态势及国际比较[J]. 科学学研究, 2017 (9): 1289-1300.

[17] 刘云, 叶选挺, 杨芳娟, 等. 中国国家创新体系国际化政策概念、分类及演进特征: 基于政策文本的量化分析[J]. 管理世界, 2014 (12): 62-69+78.

[18] 吕佳龄, 张书军. 创新政策演化: 框架、转型和中国的政策议程[J]. 中国软科学, 2019 (2): 23-35.

[19] 冯之浚, 刘燕华, 方新, 等. 创新是发展的根本动力[J]. 科研管理, 2015, 36 (11): 1-10.

[20] 张司飞, 王琦. "同归殊途"区域创新发展路径的探索性研究: 基于创新系统共生体理论框架的组态分析[J]. 科学学研究, 2021, 39 (02): 233-243+374.

[21] 阮芳, 何大勇, 李赟铎, 等. 解码中国创新: 过去、现在与未来[R]. 波士顿咨询公司, 2021.

[22] 李晓娣, 张小燕. 区域创新生态系统共生对地区科技创新影响研究[J]. 科学学研究, 2019, 37 (05): 909-918+939.

［23］国际科技创新中心．政策文件［EB/OL］．国际科技创新中心官网，2024-02-26.

［24］北京市人民政府．中关村新版"1+4"政策体系［EB/OL］．北京市人民政府网，2019-08-20.

［25］严成樑，龚六堂．熊彼特增长理论：一个文献综述［J］．经济学（季刊），2009（2）：1163-1196.

［26］傅家骥．技术创新学［M］．北京：清华大学出版社，1998.

［27］王铮，马翠芳，王莹，等．区域间知识溢出的空间认识［J］．地理学报，2003，58（5）：773-780.

［28］潘文卿，李子奈，刘强．中国产业间的技术溢出效应：基于35个工业部门的经验研究［J］．经济研究，2011（7）：18-29.

［29］陈涛涛，陈娇．行业增长因素与我国FDI行业内溢出效应［J］．经济研究，2006，41（6）：39-47.

［30］田利辉，刘廷华，随洪光．外资如何提高内资企业生产效率："己厂效应"还是企业间溢出？［J］．世界经济研究，2014（1）：66-72.

［31］井润田，赵虎．中国企业集团内部的FDI溢出效应研究［J］．南开管理评论，2013，16（5）：110-122.

［32］北京青年报．京津中关村科技城引入市场主体1118家［EB/OL］．北青网，2023-08-08.

［33］工信部．加快制造业数字化网络化智能化发展！"新时代工业和信息化发展"系列新闻发布会第六场实录来了［EB/OL］．工信微报，2022-09-09.

［34］Myers S C, Majluf N S. Corporate financing and investment decisions when firms have information that investors do not have［J］. Journal of financial economics, 1984, 13 (2): 187-221.

［35］Mueser R. Identifying technical innovations［J］. Engineering Management, 1985, 21 (4): 158-176.

[36] Freeman C. Technology Policy and Economic Performance: Lessons from Japan [M]. London: Pinter Publishers, 1987.

[37] Nelson R R. National innovation systems: a comparative analysism [M]. Oxford University Press, 1993.

[38] OECD. National Innovation System [R]. OECD Publications, Paris, 1997.

[39] Jorge, Pinho de Sousa. Establishing the foundation of collaborative networks [M]. Guimaraes, Portugal: Springer Press, 2007.

[40] Hannan M T, Freeman, J. The population ecology of organizations [J]. American Journal of Sociology, 1977, 82 (5): 929-964.

[41] Moore J F. Predators and prey: A new ecology of competition [J]. Harvard Business Review, 1993, 71 (3): 75-86

[42] Adner R. Match your innovation strategy to your innovation ecosystem [J]. Harvard Business Review, 2006, 84 (4): 98-107.

[43] Adner R, Kapoor R. Value creation in innovation ecosystems: How the structure of technological interdependence affects firm performance in new technology generations [J]. Strategic Management Journal, 2010, 31 (3): 306-333.

[44] Pickett S, Cadenasso M L. The ecosystem as a multidimensional concept: meaning, model, and metaphor [J]. Ecosystem, 2002, 5 (1): 1-10.

[45] Chesbrough H W. Open innovation: The new imperative for creating and profiting from technology [M]. Boston: Harvard Business Press, 2003.

[46] Leydesdorff L, Meyer M. The Triple Helix of university-industry-government relations [J]. Scientometrics, 2003, 58 (2): 191-203.

[47] Ormala E. Managing national innovation systems [M]. Paris: OECD Publiching, 1999.

[48] Carayannis E G, Campbell D F. Triple Helix, Quadruple Helix and Quintuple Helix and how do knowledge, innovation and the environment relate to each other?: a proposed framework for a trans-disciplinary analysis of sustainable development and social ecology [J]. International Journal of Social Ecology and Sustainable Development (IJSESD), 2010, 1 (1): 41-69.

[49] Schumpeter J. Capitalism Socialism and Democracy [M]. New York: Harper and Row. 1942.

[50] Jaffe A B. The importance of "spillovers" in the policy mission of the advanced technology program [J]. The Journal of Technology Transfer, 1998, 23 (2): 11-19.

后记

自2010年成立伊始,中关村发展集团已经陪伴中关村示范区走过了近15年的岁月,亲手推动了创新生态的持续繁荣,亲眼见证了创业浪潮的澎湃汹涌,亲身经历了创新竞争的高频共振。在此期间,中发展深入总结创新创业活动的演变规律,深度挖掘非相关创新主体之间的相关性,以自身为平台,推动"政产学研用金介媒"各要素主体,由"抓点""连线""成面"乃至最终"组网",提炼出了一套适配高精尖产业发展节奏的市场化科技服务模式,探索出一条有中关村特色的国有创新生态集成服务商之路。这有赖于改革开放带来的全球化浪潮;有赖于党和政府给予中关村先行先试的体制机制优势;有赖于中发展长期积累下来的兼备知识、能力和经验的复合型人才队伍。当然,面对未来的创新创业,中关村和中发展还有很长的路要走,还有很多的故事可以讲述。我们会和大家一起,满怀憧憬,拭目以待。

中关村发展集团课题组
2024年2月

索引（按首字母排序）

产业创新生态系统，11-14
成人达己，76，97
创新生态集成服务商，35，64，68，
　76，77，79，81-84
创新生态系统，5-11
创新生态政策体系，17-19
创业金融，28-31，35
共性技术服务平台，68，92，94，
　124，133，137
集成电路设计产业，52，56，57，
　67，103，120
科技担保，49，90
科技地产，29，31，35，36，38
科技金融，26，46，48，49，52，
　61，71，72，76，90
科技租赁，49，52，54

空间+投资+服务，35，36，77，
　84，98
类中关村生态，52，58
六位一体规划，59
耐心资本，73，76，90，94，95
轻资产、强服务、活机制，64
圈层架构，91
人工智能产业，124-130
认股权池，115，150
生物医药产业，40，166-169
双创主体，35，40，51，65，77，
　79，80，82，83
新型政企关系，162
医疗器械产业，48，140，141
政产学研用金介媒，89，151
智能制造产业，151，153，155